essentials

essentials liefern aktuelles Wissen in konzentrierter Form. Die Essenz dessen, worauf es als „State-of-the-Art" in der gegenwärtigen Fachdiskussion oder in der Praxis ankommt. *essentials* informieren schnell, unkompliziert und verständlich

- als Einführung in ein aktuelles Thema aus Ihrem Fachgebiet
- als Einstieg in ein für Sie noch unbekanntes Themenfeld
- als Einblick, um zum Thema mitreden zu können

Die Bücher in elektronischer und gedruckter Form bringen das Expertenwissen von Springer-Fachautoren kompakt zur Darstellung. Sie sind besonders für die Nutzung als eBook auf Tablet-PCs, eBook-Readern und Smartphones geeignet. *essentials:* Wissensbausteine aus den Wirtschafts-, Sozial- und Geisteswissenschaften, aus Technik und Naturwissenschaften sowie aus Medizin, Psychologie und Gesundheitsberufen. Von renommierten Autoren aller Springer-Verlagsmarken.

Weitere Bände in der Reihe http://www.springer.com/series/13088

Ralf Hohmann

Portfolio Insurance reloaded

Erfolge der Constant-Proportion-
Portfolio-Insurance

Ralf Hohmann
Hamburg, Deutschland

ISSN 2197-6708   ISSN 2197-6716   (electronic)
essentials
ISBN 978-3-658-22124-9   ISBN 978-3-658-22125-6   (eBook)
https://doi.org/10.1007/978-3-658-22125-6

Die Deutsche Nationalbibliothek verzeichnet diese Publikation in der Deutschen Nationalbibliografie; detaillierte bibliografische Daten sind im Internet über http://dnb.d-nb.de abrufbar.

Gedruckt auf säurefreiem und chlorfrei gebleichtem Papier

Springer Gabler ist ein Imprint der eingetragenen Gesellschaft Springer Fachmedien Wiesbaden GmbH und ist ein Teil von Springer Nature
Die Anschrift der Gesellschaft ist: Abraham-Lincoln-Str. 46, 65189 Wiesbaden, Germany

Was Sie in diesem *essential* finden können

- Portfolio Insurance als passive Strategie zur Vermeidung von Kursverlusten bei gleichzeitiger Wahrung der Wahrscheinlichkeiten von Kursgewinnen
- Übersicht unterschiedlicher Ausprägungen und aktueller Erscheinungsformen der Portfolio Insurance
- Darstellung und Beispiele zur Constant-Proportion-Portfolio-Insurance
- Erweiterung de Strategie auf unterschiedliche Finanztitel
- Empirische Untersuchung der Strategien

Inhaltsverzeichnis

Abkürzungsverzeichnis

BNP	Banque Nationale de Paris
CFD	Contract For Difference
CPPI	Constant-Proportion-Portfolio-Insurance
d	down, Abschwung, Kursverluste
Ders.	Derselbe
ebda	ebenda
ex ante	im Vornherein
ex post	im Nachherein
Fn.	Fußnote
GE	Geld Einheiten
Hrsg.	Herausgeber
Long	gekauft
max	Maximum von
Mittelw.	Mittelwert
NKA	Null-Kupon-Anleihe
Nr.	Nummer
o. Jg.	ohne Jahrgang
o. V.	ohne Verfasser
S.	Seite
Short	(leer)verkauft
Standardabw	Standardabweichung
u	up, Aufschwung, Kursgewinne
Vol.	Volume
z. B.	zum Beispiel

Symbolverzeichnis

C_t	Preis eines europäischen Call in t
E_t	Wert einer Exposure in t
Ft	Wert eines Future in t
G_t	Wert eines Floor in t
GE	Geld Einheit
K	Ausübungspreis einer Option
m	Multiplikator
NKA	Null-Kupon-Anleihe
P_t	Preis eines europäischen Put in t
r	Zinssatz
r_f	risikofreier Zinssatz
Q_t	Wert eines Cushion in t
S_t	(Basis)preis (eines Portfolio, Aktie, Anleihe, Währung) in t
T	Endpunkt einer zeitlichen Reihe, Dauer, Distanz. Zeitpunkt
Trk	Transaktionskosten
t	Anfangspunkt einer zeitlichen Reihe, Dauer, Distanz. Zeitpunkt
V_t	Wert eines gesicherten Portfolio, Aktie, Anleihe, Währung in t
<	keiner
>	größer
$\mu\,(r^*)$	Mittelwert der Renditen des gesicherten Portfolio mit diskretem Kursverlauf
$\mu\,(i^*)$	Mittelwert der Renditen des gesicherten Portfolio mit kontinuierlichem Kursverlauf
$\mu\,(r^+)$	Mittelwert der Renditen des nicht gesicherten Portfolio mit diskretem Kursverlauf
$\mu\,(i^+)$	Mittelwert der Renditen des nicht gesicherten Portfolio mit kontinuierlichem Kursverlauf

$Z(r^*)$ Median der Renditen des gesicherten Portfolio mit diskretem Kursverlauf

$Z(i^*)$ Median der Renditen des gesicherten Portfolio mit kontinuierlichem Kursverlauf

$Z(r^+)$ Median der Renditen des nicht gesicherten Portfolio mit diskretem Kursverlauf

$Z(i^+)$ Median der Renditen des nicht gesicherten Portfolio mit kontinuierlichem Kursverlauf

$\sigma(r^*)$ Standardabweichung der Renditen des gesicherten Portfolio mit diskretem Kursverlauf

$\sigma(i^*)$ Standardabweichung der Renditen des gesicherten Portfolio mit kontinuierlichem Kursverlauf

$\sigma(r^+)$ Standardabweichung der Renditen des nicht gesicherten Portfolio mit diskretem Kursverlauf

$\sigma(i^+)$ Standardabweichung der Renditen des nicht gesicherten Portfolio mit kontinuierlichem Kursverlauf

Einleitung – Vorgehensweise

Strategien der Portfolio Insurance werden seit mehr als 20 Jahren genutzt, um Portfolios oder einzelne Anlagen gegen Kursverluste zu sichern. Das Volumen des mit Portfolio Insurance gesicherten Vermögens ist dabei bedeutend gewachsen. Im Zeitverlauf haben sich unterschiedliche Ausprägungen einzelner Strategien entwickelt.

Im Folgenden ist die ursprüngliche Definition der Portfolio Insurance zu zeigen sowie eine Übersicht aktueller Erscheinungsformen, Strategien und ausgewählter Probleme bei der praktischen Anwendung. Darauf folgt eine Erweiterung der Portfolio Insurance Strategien für andere Anlageklassen wie ausgesuchte Aktienindizes, einzelne Aktien und unterschiedliche Derivate auf Währungen oder Rohstoffe. Die theoretischen Ergebnisse werden danach in einer empirischen Untersuchung beleuchtet. Es ist zu zeigen, ob die Strategien die theoretischen Vorgaben erfüllen und ob die erzielten Ergebnisse eine Relevanz für die praktische Anwendung haben. Die Arbeit schließt mit einer Zusammenfassung und Bewertung der Ergebnisse, gefolgt von einem Ausblick auf künftige Nutzungsfelder der Portfolio Insurance.

1.1 Definition Potfolio Insurance

Die Portfolio Insurance ist eine Erscheinungsform des Programmhandels, neben dem Blockhandel und der Index-Arbitrage. Beim Blockhandel können Marktteilnehmer große Positionen in bestimmten Anlagegütern oder ganze Portfolios mit einem Blockhändler handeln, ohne dafür einzelne spezielle Kontrahenten suchen zu müssen. Bei der Index-Arbitrage nutzen Marktteilnehmer Abweichungen eines Index-Futures oder einer Index-Option von deren theoretischen Werten, um mit

© Springer Fachmedien Wiesbaden GmbH, ein Teil von Springer Nature 2018
R. Hohmann, *Portfolio Insurance reloaded*, essentials,
https://doi.org/10.1007/978-3-658-22125-6_1

geeigneten Transaktionen am Kassa- oder Terminmarkt nahezu risikolose Über-
renditen zu erzielen.

In der Literatur gibt es eine Vielzahl von Begriffsbestimmungen für die Port-
folio Insurance.[1] Diese zusammenfassend ist es das Ziel, ein Portfolio gegen
Wertverluste zu sichern. Dieser Schutz kann umfassend oder begrenzt sein.
Das Portfolio besteht in der Regel aus verzinslichen Finanztiteln, Aktien und
Terminmarktinstrumenten. Zur Absicherung des Portfolios verringern die
Marktteilnehmer den Aktienanteil wenn sich der Portfoliowert bei Kursverlus-
ten dem zuvor festgelegten Mindestwert nähert. Gleichzeitig erhöhen sie den
Anteil an verzinslichen Finanztiteln. Umgekehrt gehen Marktteilnehmer bei
Kurssteigerungen des Portfolios vor. Die Strategien der Portfolio Insurance
folgen ex ante festgelegten Handelsregeln, eine Prognose zukünftiger Entwick-
lungen ist regelmäßig nicht vorgesehen. Sie geben einen Schutz vor systema-
tischen Kapitalmarktrisiken und können für jede Kapitalanlageform mit einer
Risikoprämie verwendet werden.[2] Als Strategien der Portfolio Insurance sind
im Wesentlichen zu nennen die Stop-Loss-Strategie, die Synthetic-Put-Strategie
und die Constant-Proportion-Strategie.

1.2   Exkurs

In der Praxis erfolgt die Sicherung von Portfolios oder einzelner Anlagen auch
durch andere Vorgehensweisen. Diese haben voneinander abweichende institutionelle Ausprägungen und folgen unterschiedlichen Strategien. Diese sind im
Folgenden nur kurz zu zeigen.

1.2.1   Zertifikate

Bei Zertifikaten werden einzelne Anteile des Portfolios in unterschiedliche Anlageklassen investiert.[3] Auftretende Verluste des Aktien-Anteils werden dadurch
verringert, dass nur ein bestimmter Anteil des Portfolios in Aktien angelegt wird,

---

[1]Siehe Ebertz und Schlenger (05/1995). Hohmann (1996, S. 12–16).

[2]Uhlmann (2008, S. 3 und 17).

[3]Zu Zertifikaten siehe Sprenger (23.09.2014). Siehe auch o. V., Diese Anlagetipps gibt Warren Buffett seinen Erben (19.04.2014). Kempf (10.–12.04.2015). Narat (10.–12.04.2015).

der Rest in Tagesgelder oder Anleihen. Die Laufzeit der Zertifikate ist oft unbe-grenzt, aufgetretene Verluste können theoretisch durch spätere Gewinne kompen-siert werden. Die Vorgehensweise von Garantie-Fonds ist ähnlich.[4]

1.2.2 Einfache Strategien

Einfache Strategien ähneln jener ausgewählter Zertifikate. Auffällig sind Strate-gien, die ex ante Long-Positionen mit Short-Positionen in derselben Anlageform verbinden. Besteht ein Portfolio zu 100 % aus Aktien, dann werden beispiels-weise 30 % davon leer verkauft. Die daraus erhaltenen finanziellen Mittel wer-den verwendet, um weitere Anteile des Portfolios zu erwerben. Verringert sich der Wert des Portfolios danach, dann wird ein Teil der Verluste, bis zu 30 %, durch die Short-Position geschützt. Steigt der Wert des Portfolios hingegen, werden die Verluste der Short-Position verringert durch die erhöhte Long-Position, die mit den erhaltenen finanziellen Mitteln aus dem Leerverkauf erworben wurden.[5] Eine andere Strategie filtert Fonds heraus, die in der Vergangenheit regelmäßig ihre jeweiligen Benchmarks übertroffen haben. Diese Fonds werden dann dupliziert und gleichzeitig mit Short-Positionen zu 50 % gesichert. Der Grad der Sicherung kann dabei schwanken.

1.2.3 Spezielle oder komplexe Strategien

Spezielle oder komplexe Strategien, zumeist jene von Hedge-Fonds, folgen den Vorgaben der EDV-Systeme.[6] In diesen werden umfangreiche Datenströme auf den Geld- und Kapitalmärkten permanent analysiert. Anhand spezieller Pro-gramme werden Signale für Trends kenntlich gemacht, woraus dann Transakti-onsanweisungen erfolgen. Teilweise werden die eingegangenen Positionen auch gegen Kursverluste gesichert, wodurch Ähnlichkeiten zur Portfolio Insurance sichtbar werden.

---

[4]Siehe auch Rettberg (13.02.2008).
[5]O. V., Doppelte Gewinnchance, (04/2007). Rezmer (28.05.2008).
[6]Zu Hedge-Fonds siehe o. V., Hedgefonds liegen mit Franken-Wetten daneben (19.01.2015). Atzler (02.–04.01.2015). Jauernig (16.04.2015).

Interessante Formen der speziellen Strategie sind einzelne Programme, die im Internet für alle Marktteilnehmer zu erhalten sind. Diese „Anlageroboter" untersuchen unterschiedliche Anlageformen und filtern besondere Kennzahlen heraus.[7] Beim „Dispersion Trade" folgen Marktteilnehmer einer Stratege, nach der einzelne Aktien in einem definierten Zeitraum eine höhere Volatilität aufweisen als der gesamte Markt.[8] Die Marktteilnehmer verkaufen Kauf- und Verkaufoptionen auf das Markt-Portfolio über Index-Optionen. Mit den Erlösen aus dem Verkauf der Optionen erwerben die Marktteilnehmer dann Optionen auf die einzelnen ausgewählten Aktien des Index und erhoffen so positive Renditen zu erzielen.[9]

1.2.4   Strategien mit Optionen und Optionsscheinen

Hier sind besonders Marktteilnehmer, in der Regel Fonds, zu nennen, die zehn bis 15 % des verwalteten Vermögens in Derivate investieren. Sie investieren in Optionen und legen die verbleibenden 85 bis 90 % in sicheren festverzinslichen Anleihen an.[10] Etwaige Verluste in den Derivaten sollen dann von den sicheren Erträgen in den verzinslichen Anlagen ausgeglichen werden.[11]

Die Weiterentwicklung der Sicherungen von zumeist Anleihenportfolios mit Derivaten führte zu Kreditderivaten[12], dem späteren Markt für Asset Backed Securities und Securities Default Swaps.[13] Diese Strategien haben den Investoren in Zeiten mit geringer Volatilität eine Sicherung des Portfolios geben können, in Zeiten wie der Finanzkrise in 2008 und 2009 waren sie nahezu wirkungslos.

Eine weitere Form der Sicherung gegen Wertverluste eines Portfolios, oder auch der Spekulation, stellen Contracts For Difference, CFDs, dar. Hierbei können Marktteilnehmer auf kurzfristige Kursveränderungen unterschiedlicher Anlageformen spekulieren oder sich dagegen schützen. Die Verträge sind nicht zwingend standardisiert, der Markt ist nicht amtlich geregelt und die Marktteilnehmer handeln

---

[7]O. V., Anlageroboter lotsen durch die Finanzwelt (14.08.2000). Siehe auch Hussla (14.09.2006).

[8]O. V., Hedge-Fonds spekulieren in großem Stil am US-Markt (21.06.2011).

[9]Siehe auch Lochmüller (05.11.2007).

[10]Siehe o. V., Alternative Kapitalanlagen gewinnen an Bedeutung (05.–06.11.1999).

[11]Siehe auch Esswein (05.12.1996). O. V., Wie ein Optionsschein abgesichert wird (28.10.1999). Luther (23.08.2002).

[12]Kühnle (05.10.2000).

[13]Siehe Drescher (19.11.2007).

zumeist direkt miteinander. Die Wertveränderungen werden von dem jeweiligen Kontrahenten monetär ausgeglichen oder stellen den an diesen zu entrichtenden Verlust dar. Der Mindesteinsatz für CFDs ist in der Regel sehr gering, die Wertermittlung der Ergebnisse wird nicht direkt beeinflusst von Größen wie der Volatilität oder den Zinssätzen. Auch diese Strategien haben während der Finanzkrise stark gelitten und werden heute weniger genutzt.

1.2.5 Strategien mit Futures

Futures zur Spekulation und zur Hedge sind geeignet zum Schutz eines Portfolios, einzelner Aktien wie auch von Anleihen. Sie werden an Börsen gehandelt, sind standardisiert und werden von einem Intermediär begleitet. Passen die Marktteilnehmer ihre (teilweise) geschlossenen Positionen und den Umfang der Sicherung aber nicht dynamisch an veränderte Märkte an, dann geben sie die Möglichkeit der Teilhabe an Kurssteigerungen auf.

Emittiert werden seit neuerem sogenannte Mini-Futures, deren Basis einzelne Aktien oder ein kleines Portfolio mit ausgesuchten Aktien ist.[14] Das Besondere hierbei ist neben der theoretisch unbegrenzten Laufzeit, also anders als bei einfachen Optionen und CFDs, die Hebelwirkung. Danach kann beispielsweise eine Veränderung des Basiswerts um ein Prozent eine Veränderung des Future-Werts um zehn Prozent nach sich ziehen, oder mehr.

Vorteile von Futures sind, dass keine von der Volatilität abhängige Prämie gezahlt werden muss. Preise von Futures ermitteln sich primär aus dem Kurs der Basis und dem risikofreien Zinssatz für Anlagen mit entsprechenden Laufzeiten. Marktteilnehmer können Strategien mit Futures selbst verfolgen, oder sie investieren in professionelle Futures Funds, die eine ähnliche Vorgehensweise anwenden.[15]

---

[14]O. V., Mini Futures – BNP Paribas (o. Jg.).
[15]Rettberg (13.02.2001).

1.3   Stop-Loss-Strategie

Die Stop-Loss-Strategie ist eine einfache und hinlänglich bekannte Strategie zum Schutz eines Portfolio oder einzelner Anlageformen wie Aktien.[16] Die Marktteilnehmer geben dabei ex ante einen Mindestkurs vor, unter den der Wert des Portfolios oder jener der Aktien bis zum Ende der Anlageperiode nicht sinken soll. Tangiert der Wert den Stop-Loss-Kurs, dann werden das Portfolio oder die Aktien verkauft und die erhaltenen finanziellen Mittel in risikofreie Anlagen wie Geldmarktpapiere oder Anleihen des Bundes investiert. Bei einer dynamischen Stop-Loss-Strategie werden das anfängliche Portfolio oder die einzelnen Aktien zurückerworben, wenn die entsprechenden Werte wieder über den jeweiligen Stop-Loss-Kurs steigen. Steigt der Stop-Loss-Kurs während des Absicherungszeitraums um einen Prozentsatz, der beispielsweise dem risikofreien Zinssatz entspricht, dann sollten die Marktteilnehmer am Ende der Anlageperiode mindestens eine vergleichbare sichere Rendite realisieren. Gleichzeitig erhalten sich die Marktteilnehmer die Teilhabe an Wertsteigerungen des Portfolios oder einzelner Aktien. In der Praxis hat sich gezeigt, dass diese Strategie zum angestrebten Ergebnis führt.[17]

1.4   Synthetic-Put-Strategie

Bei der Synthetic-Put-Strategie verwenden die Marktteilnehmer Long- und Short-Positionen in Aktien und zinstragenden Titeln, um den theoretischen Wertverlauf und daraus folgende Zahlungsströme einer Verkaufoption zu erzeugen. Sie verwenden dafür Geldmarktpapiere oder mittelfristige Anlagen, sowie einzelne Aktien oder ganze Portfolios. Die einzunehmenden Positionen ergeben sich

---

[16]Siehe Quandt (02.–03.08.2002).

[17]Erhöhte Transaktionskosten durch häufigere Anpassungen des Portfolios wirken sich jedoch negativ aus. Probleme ergeben sich auch bei plötzlichen sehr ausgeprägten Kursveränderungen, wie beispielsweise beim „flash-crash". Das gilt auch für andere Formen der Portfolio Insurance. Siehe hierzu Riecke (01.03.2007). Benders und Maisch (24.11.2009). Benders und Eberle (10.05.2010). Rettberg (10.05.2010). O. V., Brite wegen „Flash Crash" an Wall Street festgenommen (22.04.2015). Finke (23.04.2015). Siedenbiedel (24.04.2015). Slodcyk und Dörner (23.04.2015).

aus der Optionsbewertungstheorie nach dem Binomialmodell oder der Formel von Black und Scholes[18]. Formel 1.1 lautet wie folgt:

Formel 1.1: Put-Call-Parity zur Optionsbewertung:

$$P_t = C_t + K^*(1 + r_f)^{-(T-t)} - S_t$$

mit: P_t = Preis des Put in t,
C_t = Preis des Call in t,
$K * (1 + r_f)^{-(T-t)}$ = Ausübungspreis der Option, diskontiert mit r_f für die Restlaufzeit (T − t),
r_f = risikofreier Zins(satz),
S_t = (Basis)kurs (des Portfolio) in t

Die Marktteilnehmer wollen den Wertverlauf einer Option duplizieren. Dazu gehen die Marktteilnehmer zu Marktpreisen in t eine Long-Position in Höhe von C, eine Short-Position in Höhe von $-S_t$ und eine diskontierte Long-Position in $K * (1 + r_f)^{-(T-t)}$ ein, um mit einer Long-Position in P den theoretischen Preis einer Verkaufoption entrichtet zu haben. Diese Positionen müssen dann während des Absicherungszeitraumes kontinuierlich an veränderte Marktbedingungen und Zeitabläufe angepasst werden. Am Ende der Anlageperiode halten die Marktteilnehmer eine Position in einem Portfolio, das theoretisch mit einer Verkaufoption gesichert ist. Synthetic-Put-Strategien sind in der Theorie leicht darzustellen und sollten auch in der Praxis einfach anzuwenden sein, zumindest für institutionelle Marktteilnehmer. Dennoch sind sie in den vergangenen Jahren nicht wesentlich zur Anwendung gekommen. Über die Gründe hierfür ist nur zu spekulieren.

---

[18]Zur Optionsbewertung siehe Black und Scholes (1973, S. 637–654). Cox und Ross (1976, S. 145–166). Jurgeit (1989).

Constant-Proportion-Portfolio-Insurance

2

Die Constant-Proportion-Portfolio-Insurance (CPPI) ist eine dynamische Strategie, bei welcher die Marktteilnehmer einen Mindestwert für das Portfolio vorgeben, zumeist für ein Aktienportfolio. Der Mindestwert ist der Floor und ist in $t = 0$ kleiner als der Portfoliowert. Der Floor steigt während des Absicherungszeitraums um einen bestimmten Prozentsatz, beispielsweise um den Zinssatz für risikofreie Anlagen, hier den Zinssatz für risikofreie Null-Kupon-Anleihen mit einer vergleichbaren Laufzeit.[1]

Der Wert zwischen Portfoliowert und Floor ergibt das Cushion. Dieser Wert ist variabel und ergibt sich bei dynamischer Anpassung des Portfolios aus Formel 2.1:

Formel 2.1: Exposure der Constant-Proportion-Portfolio-Insurance

$$E_t = m * Q_t, \text{ und } Q_t = V_t - G_t, \ 0 < G_t$$

mit: E_t = Exposure in t,
  m = Multiplikator,
  Q_t = Cushion in t,
  V_t = Wert des gesicherten Portfolio,
  G_t = Floor in t

Die Exposure E_t ist der Anteil des Portfolios in risikobehafteten Titeln wie Aktien oder auch Futures und Optionen.[2]

---

[1]Siehe auch Uhlmann (2008, S. 31–32).
[2]Siehe Hohmann (1996, S. 105–109) und die dort zitierten Quellen.

© Springer Fachmedien Wiesbaden GmbH, ein Teil von Springer Nature 2018
R. Hohmann, *Portfolio Insurance reloaded,* essentials,
https://doi.org/10.1007/978-3-658-22125-6_2

Steigt der Wert des Portfolios durch Kurssteigerungen und ist $E_t > E_{t-1}$, dann werden die Anteile der risikobehafteten Positionen entsprechend Formel 2.1 ausgeweitet. Es werden hier Aktien gekauft und Null-Kupon-Anleihen verkauft. Bei Kursverlusten des Portfolios und wenn $E_t < E_{t-1}$ ist, werden die risikobehafteten Positionen entsprechend verringert. Es werden Aktien verkauft und Null-Kupon-Anleihen gekauft.

Am Ende der Anlageperiode soll der Wert des Portfolios mindestens dem Floor entsprechen. Bei einem günstigen Kursverlauf der Aktien befinden sich neben Anleihen auch Anteile in risikobehafteten Positionen im Portfolio.

Sind Leerverkäufe untersagt, lässt sich E_t wie folgt darstellen:

$$E_t = \max\,[m * Q_t;\, 0]$$

Ist die Aufnahme finanzieller Mittel untersagt, dann lautet Formel 2.1 zur Ermittlung von E_t:

$$E_t = \min\,[m * (V_t - G_t);\, S_t]$$

Ist der Floor ex ante bekannt, lässt sich der Portfoliowert wie folgt darstellen:

$$V_t = \max\,[G_t;\, G_t + Q_t]$$

Die Wahrscheinlichkeit von Verlusten aus dem Portfolio wird so annahmegemäß auf null reduziert, gleichzeitig bleibt die Wahrscheinlichkeit von Wertsteigerungen des gesicherten Portfolios erhalten.[3]

In der Theorie hat der Multiplikator eine besondere Bedeutung, wie in Formel 2.1 zu sehen ist. Je größer der Multiplikator ist, desto umfangreicher sind die Kauf- und Verkauftransaktionen im Rahmen der Strategie, desto stärker verändert sich die Zusammensetzung des Portfolio. Eine Möglichkeit den Multiplikator zu bestimmen ist, dass Marktteilnehmer ex ante die Höhe des Multiplikators fest legen. Danach bestimmen sie die Höhe der anfänglichen Exposure oder des Floor in Abhängigkeit vom Portfoliowert. Dann ist $m = (E_t/G_t)$.[4]

Die Wahl eines geeigneten Multiplikators ist wesentlich, wenn der Portfoliowert in T über dem Floor liegen soll. Es scheint intuitiv offensichtlich zu sein, dass bei überproportional großen Multiplikatoren die Verluste der Exposure so groß sein können, dass sie durch Wertsteigerungen der verzinslichen Titel nicht mehr kompensiert werden können. In der Literatur [5] gibt es daher den Vorschlag,

---

[3]Das ist der Unterschied zu einer umfänglichen Hedge mit Futures, bei denen die Wahrscheinlichkeit der Teilhabe an späteren Kurssteigerungen des Portfolios teilweise oder ganz aufgegeben wird.

[4]Siehe hierzu Hohmann (1996, S. 109). Uhlmann (2008, S. 38–41).

[5]Siehe Perold (1986, S. 7). Estep und Kritzman (1988, S. 42, Fn. 1). Mantel (2014, S. 42–43).

dass der Multiplikator nicht größer sein sollte als der Kehrwert des Betrages des größten zu erwartenden negativen Kurssprungs.[6]

2.1 Annahmen

Für die folgenden Darstellungen gelten zunächst einige idealtypischen Annahmen für die Gegebenheiten und Instrumente auf deutschen Geld- und Kapitalmärkten.[7] Diese werden dann auf ihre Realitätsnähe untersucht und bei Abweichungen die Auswirkungen auf die Strategien dargestellt.

1. Es existieren arbitragefreie Märkte, auf denen Aktien und -indexfutures sowie unkündbare bonitätsrisikofreie zinstragende Finanztitel begeben und gleichzeitig gehandelt werden. Am Markt sind Geschäfte in diesen Titeln sofort zu erfüllen.
2. Es gibt keine Marktzutrittsbeschränkungen, Transaktionskosten, Steuern, Vorschriften oder Bestimmungen. Leerverkäufe sind gestattet, Leerverkäufer und Stillhalter in Optionen erfüllen ihre Verpflichtungen.
3. Marktteilnehmer investieren in Aktien und -indexfutures sowie bonitätsrisikofreie Finanztitel. Die Marktteilnehmer handeln rational und wollen ihren Nutzen maximieren.
4. Alle Finanztitel sind beliebig teilbar.
5. Es erfolgen keine Dividendenzahlungen und Kapitalerhöhungen oder-herabsetzungen.
6. Es existiert nur eine Währung. Die Aufnahme und Anlage finanzieller Mittel ist stets für jeden Zeitraum möglich zum Zinssatz auf bonitätsrisikofreie Analgen. Dieser Zinssatz ist positiv, bekannt und während des Absicherungszeitraums konstant. Die Zinsstrukturkurve ist horizontal.

---

[6]Interessant ist hier auch die Frage, ob der Multiplikator mit Hilfe des maximal tragbaren Value at Risk zu ermitteln ist. Siehe hierzu Uhlmann (2008, S. 136–139, 143). Diese Frage ist hier nicht zu beantworten, sollte aber Untersuchungsgegenstand zukünftiger Arbeiten sein. Zu Value at Risk siehe Jendruschewitz (1997). Jorion (2002). Choudhry (2006).

[7]Vgl. Hohmann (1996, S. 20–21).

7. a) Die Aktienkurse folgen einem multiplikativen Binomialprozess über äquidistante Perioden mit bekannter und konstanter Wahrscheinlichkeit der möglichen Renditen über jede Periode.

b) Die Aktienkurse haben einen stetigen Verlauf und der Handel auf den Märkten findet kontinuierlich statt. Die Verteilung der erwarteten Renditen für ein
diversifiziertes Aktienportfolio ist am Ende eines zeitlichen Intervalls logarithmisch-normalverteilt. Die Volatilität der Aktienkurse ist während des gesamten
Zeithorizonts konstant und bekannt.

2.2   CPPI am Kassamarkt

Die Vorgehensweise der Marktteilnehmer im Rahmen der Constant-Proportion-Strategie ist an Hand eines Beispiels vereinfacht darstellbar.[8] Im Folgenden
gelten die oben getroffenen Annahmen.

2.3   Beispiel für CPPI am Kassamarkt

Der Verlauf des Floors ist in Abb. 2.1 für drei Perioden dargestellt.

Der Verlauf der Null-Kupon-Anleihen in Abb. 2.1 entspricht dem Verlauf des
Floor. In $t = 2$, am Ende der Laufzeit des Floor, ist der Wert der Null-Kupon-Anleihen gleich dem angestrebten Mindestwert des Portfolios für das Ende des Absi-
cherungshorizontes.

In Abb. 2.2 ist der Verlauf der Aktienkurse dargestellt. Annahmegemäß entspricht die Aktienposition einem Aktienindexportfolio. Die Aktienkurse steigen
dabei um 20 % oder fallen um 20 % in jeder Periode. In $t = 2$ kann der Aktienindex vier Verläufe und drei unterschiedliche Werte angenommen haben.

Bei der Constant-Proportion-Portfolio-Insurance verkaufen die Marktteilnehmer Aktien und erwerben Null-Kupon-Anleihen, wenn sich der Portfoliowert
dem Floor nähert, und umgekehrt. In dem Beispiel ist der Nominalwert der Anleihen am Anfang des Absicherungszeitraums gleich dem Wert des Aktienindex in
$t = 0$. In $t = 2$, am Ende des Absicherungszeitraums soll dadurch der Mindestwert
des Portfolio, der Kurs des Aktienindex in $t = 0$, erhalten sein.

---

[8]Zu einem Beispiel siehe auch Uhlmann (2008, S. 33). Mantel (2014, S. 25–30).

t = 0		t = 1		t = 2
$NKA_{t=0} = 1441,75$	$\Rightarrow$	$NKA_{t=1} = 1470,59$	$\Rightarrow$	$NKA_{t=2} = 1500$

Abb. 2.1 Verlauf des Floor int $t=0$ bis $t=2$

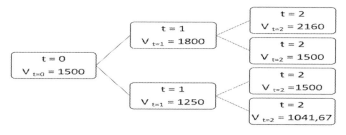

Abb. 2.2 Verlauf der Aktienkurse in $t=0$ bis $t=2$

Der Wertverlauf des gesicherten Portfolios ist darstellbar, indem für die unterschiedlichen Kursszenarien des Aktienindex die Werte der Exposure und der Positionen in den Null-Kupon-Anleihen ermittelt werden.[9] Der Floor in $t=0$ entspricht wiederum dem diskontierten Nominalwert der Null-Kupon-Anleihen. In dem Beispiel ist der Multiplikator $m=3$. Der Zinssatz für eine Periode ist zwei Prozent.

Der Wertverlauf des gesicherten Portfolios ist in Abb. 2.3 dargestellt. Die notwendigen Transaktionen im Rahmen der Strategie werden im Folgenden erläutert.

In $t=0$ verfügt der Marktteilnehmer über finanzielle Mittel in Höhe von 1500 Geld Einheiten, GE. Der Kurs des Aktienindex ist $S_{t=0} = 1500$. Der Floor entspricht den Kursen der diskontierten Null-Kupon-Anleihen mit einem Nominalwert, der dem Kurs des Aktienindex in $t=0$ gleicht, somit $G_{t=0} = NKA_{t=0} = 1441,75$. Daraus folgt ein Cushion mit $Q_{t=0} = 58,25$ GE. Bei einem Multiplikator mit $m=3$ ist die Exposure $E_{t=0} = 174,75$ GE. Der Marktteilnehmer erwirbt mit den verbleibenden finanziellen Mitteln Null-Kupon-Anleihen im Wert von 1325,25 GE.

---

[9]In Abb. 2.3 kennzeichnet der erste Wert den Indexkurs und der folgende Wert die „alte" und die „neue" Exposure, die Null-Kupon-Anleihen und den Portfoliowert. Da $t=2$ das Ende des Absicherungszeitraums ist, sind weitere Transaktionen nicht mehr notwendig.

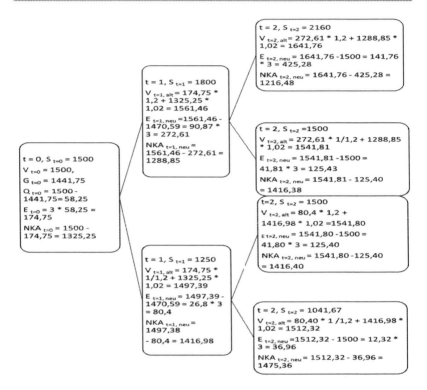

Abb. 2.3 Wertverlauf des gesicherten Portfolio in $t=0$ bis $t=2$ am Kassamarkt

Ist in $t=1$ der Kurs des Aktienindex $S_{t=1,u}=1800$, dann ist der Wert der Exposure auf 209,7 GE (174,25 * 1,2) und der Wert der Null-Kupon-Anleihen auf 1351,76 GE (1325,25 * 1,02) gestiegen. Der Wert des gesicherten Portfolios ist $V_{t=1,u}=1561,46$ GE und der Wert des Cushion steigt auf 90,87 GE (1561,46 − 1470,59). Hieraus folgt eine neue höhere Exposure von $E_{t=1,u,neu}=272,61$ GE. Um die erforderlichen Aktienkäufe für die neue Exposure bezahlen zu können, veräußert der Marktteilnehmer Null-Kupon-Anleihen im Wert von 62,91 GE (1351,76 − 1288,85). Dadurch verringert sich der Wert der Null-Kupon-Anleihen auf 1288,85 GE.

Ist in $t=1$ der Kurs des Aktienindex $S_{t=1,d}=1250$, dann ist der Wert der Exposure auf 145,63 GE (174,75 * [1/1,2]) gesunken und der Wert der Null-Kupon-Anleihen auf 1351,76 GE (1325,25 * 1,02) gestiegen. Der Wert des gesicherten Portfolio ist $V_{t=1,d}=1497,39$ GE, und das Cushion sinkt auf 26,8 GE (1497,39 − 1470,59). Hieraus folgt eine neue geringere Exposure von

$E_{t=1,d,neu} = 80,4$ GE. Der Marktteilnehmer veräußert jetzt Aktien im Wert von 65,23 GE (145,63 – 80,4) und erwirbt mit dem Erlös Null-Kupon-Anleihen, deren Wert im Portfolio dann 1416,99 GE beträgt.

Die Vorgehensweise für die letzte Periode entspricht der Vorgehensweise der ersten Periode.

Aus Abb. 2.3 geht hervor, dass der Wert des Portfolios in $t = 2 = T$ bei keinem der Kursszenarien den Floor unterschreitet.[10] Die Sicherung des Portfolios ist dann umfänglich, Verluste treten nicht auf.

Würde der Marktteilnehmer das Portfolio jedoch vorzeitig auflösen, so könnten in Periode $t = 1$ im ungünstigen Kursszenarium Verluste auftreten. Dieser Umstand unterstreicht, dass die Absicherung mit der Constant-Proportion-Strategie eine Zeitpunkt-Hedge ist, und keine Zeitraum-Hedge.

Bei einem stetigen Verlauf der Aktienkurse, wie in Annahme 7b beschrieben, erfolgt die Anpassung des Portfolios an die sich stetig ändernde Exposure ebenso kontinuierlich. Die Ergebnisse der Absicherung sollten theoretisch der Absicherung im obigen Beispiel entsprechen.

Einsetzbar sind auch Strategien der Constant-Proportion-Strategie mit einem ex ante unbekanntem Floor. Ziel und Instrumente sind die gleichen wie in der obigen Strategie, die Vorgehensweise ist jedoch abweichend. Marktteilnehmer bestimmen wieder zuerst den Floor und den Multiplikator. Erhöhungen des Floor sind jedoch nicht allein abhängig von Wertsteigerungen der vergleichbaren Null-Kupon-Anleihen. Nach Steigerungen des Aktienindex und gleichzeitiger Ausweitung der Exposure erhöhen Marktteilnehmer den Floor über den Anstieg der Anleihen hinaus. Dadurch verringert sich die Exposure, es sind dann (entsprechend Formel 2.2) Aktien zu verkaufen und Null-Kupon-Anleihen zu erwerben. Der Floor ist ex ante unbekannt, weil der Verlauf der Aktienkurse unbekannt ist, der die Erhöhung des Floors bestimmt.

Strategien mit ex ante unbekanntem Floor geben in t keine Hinweise, wie erfolgreich der Schutz des Portfolios in T sein wird. Ursächlich sind die zwischenzeitlichen unvorhersehbaren Wertsteigerungen des Portfolios und die Anpassungen des Floor. Eine Gesamtergebnisfunktion ist hier nicht darstellbar, weil diese nicht alle möglichen positiven Renditen darstellt, die der Marktteilnehmer mit einer Long-Position im Aktienindex erzielt hätte. Auch kann der Umstand eintreten, dass der Aktienindex durch Kursverluste schnell auf den zuvor erhöhten Floor sinkt. Entsprechend Formel 2.2 ist das Cushion dann null und das Portfolio hat somit in Folge gänzlich aus Null-Kupon-Anleihen zu bestehen. An späteren

---

[10]Vgl. Black und Jones (1987, S. 49). Perold und Sharpe (1988, S. 22).

Kurssteigerungen kann der Marktteilnehmer jetzt nicht mehr partizipieren. Seine in T erzielte Rendite kann dann geringer sein als bei einer Strategie mit ex ante bekanntem Floor. Strategien mit ex ante unbekanntem Floor finden im Folgenden keine Beachtung mehr.[11]

2.4 CPPI am Terminmarkt mit Financial Futures

Financial Futures sind anwendbar im Rahmen der Strategien der Constant-Proportion-Strategie. Der Marktteilnehmer kann mit ihnen synthetische Positionen in Null-Kupon-Anleihen und im Aktienindex aufbauen. Zwei Ansätze mit Futures sind wählbar: Bei dem ersten Ansatz hat der Marktteilnehmer eine Long-Position im Aktienindex und eine Short-Position in Index-Futures. Bei dem zweiten Ansatz hat er Long-Positionen in Null-Kupon-Anleihen und in Futures. Beide sollten unter den idealtypischen Annahmen zu den gleichen Ergebnissen führen wie die Strategien am Kassamarkt.[12]

2.5 Beispiel für die CPPI am Terminmarkt mit Financial Futures

In dem folgenden Beispiel zur Constant-Proportion-Portfolio-Insurance, dargestellt in Abb. 2.4, sichert der Marktteilnehmer sein Portfolio mit Long-Positionen im Aktienindex und Short-Positionen in Futures. Es basiert auf den gleichen Werten und Annahmen wie das obige Beispiel zur Portfolio Insurance am Kassamarkt. In $t = 0$ ist der Aktienindex $S_{t=0} = 1500$, die Exposure soll $E_{t=0} = 174,75$ GE sein und die Null-Kupon-Anleihen haben einen Wert von 1325,25 GE. Um eine entsprechende Long-Position in Null-Kupon-Anleihen synthetisch aufzubauen, verkauft der Marktteilnehmer 0,8835 (1325,25/1500) Futures zu einem Kurs von 1530.

Ist in $t = 1$ der Kurs des Aktienindex $S_{t=1,u} = 1800$, dann erfolgt aus dem Barausgleich der verkauften Futures eine Auszahlung in Höhe von -238 GE (0,8835 * 1530/1800). Um diese Auszahlung leisten zu können, verkauft der Marktteilnehmer Aktien, wodurch der Wert der Position im Aktienindex auf

---

[11]Zu Strategien mit ex ante unbekanntem Floor siehe Hohmann (1996, S. 117–122) und die dort zitierten Quellen.

[12]Siehe hierzu Hohmann (1996, S. 122–123, 340–346).

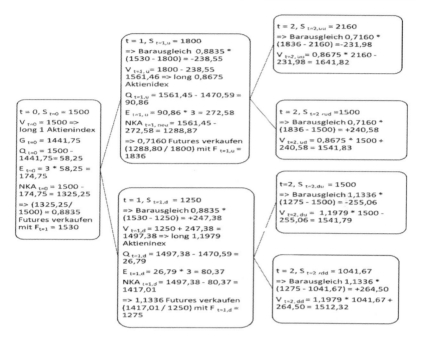

Abb. 2.4 Wertverlauf des gesicherten Portfolio in $t=0$ bis $t=2$ am Kassa- und Terminmarkt

1561,45 GE (1800 – 238,55) sinkt. Durch den gleichzeitig gestiegenen Portfoliowert erhöht sich das Cushion und auch die Exposure. Die Exposure ist jetzt $E_{t=1,u}=272,61$ GE und der Wert der Null-Kupon-Anleihen beträgt 1288,85 GE. Um eine entsprechende synthetische Long-Position in Null-Kupon-Anleihen aufzubauen, verkauft der Marktteilnehmer 0,7160 (1288,85/1800) Futures zu einem Kurs von $F_{t=1}=1836$. Der Wert des Portfolios ist $V_{t=1,u}=1561,46$ GE.

Ist in $t=1$ der Kurs des Index hingegen $S_{t=1,d}=1250$, dann folgt für den Marktteilnehmer eine Einzahlung in Höhe von 247,38 GE (0,8835 * 1530/1250). Damit kauft der Marktteilnehmer Aktien, wodurch der Wert der Position im Index-Portfolio auf 1497,38 GE (1250+247,38) steigt. Durch den gleichzeitig gesunkenen Portfoliowert verringert sich das Cushion und die vorgegebene Exposure. Sie ist jetzt $E_{t=1,d}=80,4$ GE und der Wert der Null-Kupon-Anleihen ist 1416,98 GE. Um eine entsprechende synthetische Long-Position in Null-Kupon-Anleihen aufzubauen, verkauft der Marktteilnehmer 1,1336 (1416,98/1250) Futures mit $F_{t=1,d} = 1275$. Der Wert des Portfolios ist $V_{t=1,d} = 1497,39$ GE.

Die Vorgehensweise für die dritte Periode entspricht der für die ersten beiden Perioden.[13]

2.6 Annahmendiskussion

Die Beispiele für die Portfolio-Insurance-Strategien im vorstehenden Teil haben die oben getroffenen Annahmen als Voraussetzung. Für die praktische Anwendung ist zu prüfen, ob die Annahmen mit den Gegebenheiten in der Realität übereinstimmen. Auftretende Abweichungen sind zu untersuchen und deren Auswirkungen auf die Strategien zu bestimmen sowie alternative Lösungsansätze zu nennen.[14]

Laut Annahme 1 existieren arbitragefreie Märkte, auf denen Aktien und -indexfutures sowie unkündbare bonitätsrisikofreie zinstragende Finanztitel begeben und gleichzeitig gehandelt werden. Am Markt sind Geschäfte in diesen Titeln sofort zu erfüllen.

Simultaner Handel kann immer stattfinden, wenn am Kassamarkt Kurse festgestellt werden. In der Regel ist gegen zwölf Uhr am Mittag die Liquidität im Markt am größten. Märkte geben in der Realität immer wieder die Gelegenheit zur Arbitrage[15] und einige Geschäfte an Kassa- und Terminmarkt müssen nicht sofort erfüllt werden.[16] Dieser Umstand ist jedoch planbar. Abweichung von den theoretisch korrekten Preisen können Marktteilnehmer selbst ermitteln, Lieferfristen sind in den Strategien zu integrieren. Annahme 1 sollte daher weitgehend

---

[13]Die Vorgehensweise für den zweiten Ansatz mit Long-Positionen im Null-Kupon-Anleihen und in Futures ist vergleichbar zur obigen Vorgehensweise. Auf ein Beispiel wird daher verzichtet. Siehe hierzu Hohmann (1996, S. 343–346).

[14]Zu einer vergleichbaren Annahmendiskussion siehe Uhlmann (2008, S. 103–104, 120–132).

[15]Siehe Hohmann (1991). Ders. (1996, S. 220–226, 2015, S. 59).

[16]Zu den Handels- und Lieferbestimmungen in Deutschland siehe www.Xetra und Deutsche Börse/Handelszeiten.com.

zutreffen. Auch können die Strategie unter Umständen Einflüsse auf die Kursverläufe an Kassa- und Terminmärkten haben.[17] Gemäß Annahme 2 gibt es keine Marktzutrittsbeschränkungen, Transaktionskosten, Steuern, Vorschriften oder Bestimmungen. Leerverkäufe sind gestattet, Leerverkäufer und Stillhalter in Optionen erfüllen ihre Verpflichtungen.

In der Realität gibt es Marktzutrittsbeschränkungen für einzelne Investoren auf ausgewählten Märkten und es gibt bestimmte Vorschriften und Bestimmungen, die hier nicht abschließend zu erörtern sind. Für die Mehrzahl der Marktteilnehmer ist das jedoch nicht relevant. Auch existieren Transaktionskosten und Steuern. Transaktionskosten sind in den Strategien ex ante zu integrieren,[18] sie haben dann einen negativen Einfluss auf das Ergebnis der Strategie. Steuern fallen ex post an, sie beeinflussen die Durchführbarkeit der Strategien unmittelbar nicht. Gestattete Leerverkäufe und Optionsgeschäfte sollen im amtlichen Handel an den Terminmärkten immer erfüllt werden,[19] Sicherheiten sind im Rahmen der Strategie nicht notwendig.[20]

Marktteilnehmer investieren in Aktien und -indexfutures sowie bonitätsrisikofreie Finanztitel. Die Marktteilnehmer handeln rational und wollen ihren Nutzen maximieren. Annahme 3 sollte zutreffend sein, auch wenn bei Kursrutschen und sich danach sofort anschließenden Kurserholungen[21] oder bei Investitionen in zinstragende Titel mit einer negativen Rendite statt z. B. der Bargeldhaltung Zweifel aufkommen können.

Alle Finanztitel sind beliebig teilbar. Annahme 4 gilt dann, wenn die Marktteilnehmer den Umfang ihres Portfolios so weit erhöhen, dass sie eine ganze Einheit eines Finanztitels als kleinste Einheit im Rahmen ihrer Strategie nutzen können.

---

[17]Hohmann (1996, S. 225–226) und die dort zitierten Quellen. Uhlmann (2008, S. 62).

[18]Zu Transaktionskosten siehe Hohmann (1996, S. 198–217) und die dort zitierten Quellen. Beim Handel mit Aktien am Kassamarkt entstehen die höchsten Transaktionskosten, beim Handel mit Futures am Terminmarkt die geringsten. Zu Trading Filter Handelsregeln siehe Uhlmann (2008, S. 36–37). Mantel (2014, S. 33–35).

[19]Ohne die Möglichkeit von Leerverkäufen wäre die Constant-Proportion-Portfolio-Insurance pfadabhängig. Uhlmann (2008, S. 51).

[20]Sicherheiten sind hier nicht notwendig, da $V_{t=0} = 100\,\%$ des Vermögens des Marktteilnehmers beträgt. Durch Bar-Sicherheiten können Zinsverluste entstehen. Auch wegen dieser Opportunitätsverluste ist im Folgenden auf Sicherheiten zu verzichten.

[21]Zu Gerüchten und zu Fat Finger siehe S. 8–9, Fn. 17.

Nach Annahme 5 erfolgen keine Dividendenzahlungen und Kapitalerhöhungen oder-herabsetzungen. Die ersten beiden existieren in der Realität jedoch erfreulicherweise. Sie sind daher im Rahmen der Strategien entweder zu vernachlässigen und haben dann einen gewissen Einfluss auf das Ergebnis der Strategie. Oder sie werden, da in der Regel ex ante bekannt, in den Strategien integriert.

Annahme 6 beinhaltet, dass nur eine Währung existiert. Das ist zutreffend, wenn der Marktteilnehmer nur in einer einzigen Währung investiert. Bei Investitionen in mehrere Währungen muss der Marktteilnehmer dann die entsprechenden Abhängigkeiten berücksichtigen.

Die Aufnahme und Anlage finanzieller Mittel ist stets für jeden Zeitraum möglich zum Zinssatz auf bonitätsrisikofreie Anlagen. Für Marktteilnehmer mit erster Bonität trifft dieser Umstand zu. Andere müssen in der Regel einen Bonitätsabschlag oder −zuschlag erdulden. Dieser Zinssatz ist annahmegemäß positiv, bekannt und während des Absicherungszeitraums konstant.[22] Die Zinsstrukturkurve ist horizontal.

Der Zinssatz ist ab 2015 fast nicht mehr positiv für Titel erster Bonität sowohl in Deutschland als auch in einigen weiteren europäischen Ländern. Auch ist er nicht immer allen Marktteilnehmern bekannt und er ist nie konstant. Die Zinsstrukturkurve ist in den wenigsten Fällen horizontal.[23] Mit Sicht auf die Erfahrungen, die Marktteilnehmer in den letzten Jahrzehnten oder Jahrhunderten gesammelt haben, ist nicht davon auszugehen, dass negative Zinssätze der Normalität entsprechen oder sie lange existieren werden. Unbekannte Zinssätze können durch bekannte, an amtlichen Märkten ermittelte Größen ersetzt werden, konstante Zinssätze können über Forward Rates oder sehr kleine Absicherungsperioden geschaffen werden.[24] Gleiches gilt für die Zinsstrukturkurve. Diese Umstände sollten über Formel 2.2 zu berücksichtigen sein.[25]

---

[22]Zur Geldwertstabilität und Inflation siehe Hohmann (1996, S. 130, Fn. 3 und 4).

[23]Zur Zinsstrukturkurve siehe beispielsweise die statistischen Beihefte zu den Monatsberichten der Deutschen Bundesbank.

[24]Zu berücksichtigen ist auch, dass der Floor sich stark bei unvorhergesehenen Zinssprüngen verändern kann. Hier ist dann mit kürzeren Intervallen oder mit Szenarien zur Wahrscheinlichkeit der Veränderung zu arbeiten.

[25]Anzumerken ist, dass in der Regel sinkende Zinssätze Aktienkurse positiv beeinflussen. Hohmann (1996, S. 137, Fn. 2). Zinssatzänderungen haben Einflüsse auf die Kurse von Futures. Das ist zu verringern, wenn nur kurzlaufende Futures oder einperiodige Strategien verwendet werden. Siehe zu veränderlichen Zinssätzen und Lösungsansätzen Hohmann (1996, S. 160–168). Zu Zinsrisiken in Finanztiteln siehe Schmidt (1979, S. 711). Ders. (1981, S. 74).

Gemäß Annahme 7a folgen die Aktienkurse einem multiplikativen Binomialprozess über äquidistante Perioden mit bekannter und konstanter Wahrscheinlichkeit der möglichen Renditen über jede Periode. Diese Annahme ist getroffen worden, um den Verlauf der Aktienkurse im Rahmen des Binomialmodells darstellen zu können. Verringert man die Beobachtungszeiträume auf kleinste Größen, dann folgen Aktienkurse einem Binomialmodell mit Wahrscheinlichkeiten, die vorab bekannt und auch konstant sein sollten.[26]

Laut Annahme 7b haben die Aktienkurse einen stetigen Verlauf und der Handel auf den Märkten findet kontinuierlich statt. Die Verteilung der erwarteten Renditen für ein diversifiziertes Aktienportfolio ist am Ende eines zeitlichen Intervalls logarithmisch-normalverteilt. Die Volatilität der Aktienkurse ist während des gesamten Zeithorizonts konstant und bekannt. Aktienkurse für Titel erster Bonität und geeigneter Markttiefe sollten einen stetigen Verlauf haben. Auch sollte der Handel während der Börsenzeiten und auch Vor- und Nachbörslich kontinuierlich stattfinden. In der Praxis sollte die Verteilung der Renditen für ein diversifiziertes Aktienportfolio sollte am Ende eines zeitlichen Intervalls logarithmisch-normalverteilt sein. Von Abweichungen während kleiner Intervalle wie beispielsweise der Krise nach den Anschlägen in 2001, der Banken-Krise 2008 und der Brexit-Krise 2016 ist dabei abzusehen. Die Volatilität der Aktienkurse ist nicht immer bekannt und nicht konstant.[27] Diesem Umstand ist entgegenzutreten, wenn der Marktteilnehmer den Absicherungszeitraum ausreichend klein definiert und danach unmittelbar eine Kette neuer kleiner Zeiträume folgen lässt. Auch hat die Volatilität keinen unmittelbaren Einfluss auf die Strategie.[28]

Die Annahmen 1 bis 7 beschreiben die Realität idealtypisch. Sie dienen der Darstellung der Strategien und vereinfachen deren Verständnis. Abweichungen von der Realität existieren. Diese sind jedoch entweder zu vernachlässigen oder mit wenigen Hilfsmitteln zu umgehen. Im Folgenden werden die Annahmen als weitgehend valide angenommen, weitere kritische Analysen erfolgen nicht.

---

[26]Siehe hierzu Hohmann (1996, S. 115, Fn. 1).

[27]Zu einer Übersicht über die Literatur siehe Hohmann (1996, S. 182–189).

[28]Außer vielleicht geringere oder häufigere Handelstransaktionen mit entsprechenden Transaktionskosten. Um den Multiplikator auf die Volatilität einzustellen mit volatility caps siehe Uhlmann (2008, S. 40). Zum Vorteil der geringeren historischen oder tatsächlichen Volatilität im Vergleich zur impliziten Volatilität (siehe ebda, S. 50).

2.7 Erfolge der Constant-Proportion-Strategie im Beispiel

Die Strategie der Constant-Proportion-Portfolio-Insurance mit einem ex ante bekannten Floor verändert die durchschnittliche zu erwartende Rendite des Portfolios am Ende des Absicherungszeitraums. Ein Vergleich der Renditen aus dem vorstehenden Beispiel zeigt die Erfolge der Strategie unter den zuvor getroffenen Annahmen.[29]

Der Mittelwert der Renditen des gesicherten Portfolio beträgt μ (r^*) = 3,96 % und μ (i^*) = 3,89 %. Diese Werte sind höher als der Mittelwert der Renditen des nicht gesicherten Portfolio mit μ (r^+) = 3,86 % und μ (i^+) = 3,79 %. Gleiches gilt für den Median der Renditen mit Z (r^*) = 2,79 % und Z (i^*) = 2,75 % im Vergleich zu dem Median der Renditen des nicht gesicherten Portfolio mit Z (r^+) = 0 % und Z (i^+) = 0 %. Die Standardabweichung der Renditen des gesicherten Portfolio, in annualisierter Form als Volatilität bezeichnet, hingegen ist jedoch geringer mit σ (r^*) = 3,78 % und σ (i^*) = 3,58 % im Vergleich zu der Standardabweichung der Renditen des ungesicherten Portfolio mit σ (r^+) = 30,69 % und σ (i^+) = 26,84 %.[30]

Die Ergebnisse sind auf ihre statistische Relevanz zu testen, beispielsweise mit einem t-Test oder einem chi²-Test. Wegen der obigen geringen Datenmenge wird hier darauf verzichtet. Es ist zu prüfen, ob eine Untersuchung mit historischen Daten möglich ist.

Unter der Annahme kontinuierlicher Kursverläufe kann man für die Constant-Proportion-Portfolio-Insurance mit ex ante bekanntem Floor eine Gesamtergebnisfunktion darstellen. Die in der Abb. 2.5 verwendeten Daten entsprechen nicht den Daten aus dem vorstehenden Beispiel, es handelt sich um eine idealtypische Darstellung.[31]

Abb. 2.5 macht deutlich, dass bei dem gesicherten Portfolio in T kein Verlust auftritt, unabhängig von den zwischenzeitlichen Kursverläufen des Aktienindex.[32]

---

[29]Zu Rendite und Risikobegriffe siehe Uhlmann (2008, S. 7–11). Hohmann (1996, S. 40, Fn. 2 und 3). Mantel (2014, S. 4–7).

[30]Zur Risikoberechnung bei der Portfolio Insurance siehe Mantel (2014, S. 11–18).

[31]Zu Gesamtergebnisfunktionen siehe Schmidt (1988, S. 68, 72–76).

[32]Siehe hierzu Hohmann (1996, S. 117, Fn. 1). Zur konvexen Wertentwicklung des Portfolios bei Constant-Proportion-Strategien siehe Uhlmann (2008, S. 34), zur asymmetrischen Risikoverteilung (ebda., S. 16–18), zur Nutzenoptimierung (ebda., S. 73–80).

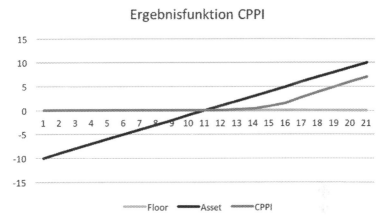

Abb. 2.5 Gesamtergebnisfunktion für Constant-Proportion-Portfolio-Insurance mit ex ante bekanntem Floor

Erfolge der Strategien in der Praxis 3

Die Erfolge der Strategien sind darstellbar über Simulationen von Daten oder über empirischen Untersuchungen mit historischen Daten für unterschiedliche Zeiträume.

In der Literatur gibt es vielfältige Simulationen zu den Erfolgen der Constant-Proportion-Portfolio-Insurance. Die Untersuchungen sind sehr umfänglich und methodisch unterschiedlich. Sie führen zu einer Vielzahl von abweichenden Ergebnissen. In der vorliegenden Arbeit sollen diese nicht wiederholt werden.[1]

In dieser Arbeit werden die Ergebnisse der Strategien über empirische Untersuchungen dargestellt. Hierzu werden historischen Daten unterschiedlicher Instrumente verwendet, mit denen die Anwendbarkeit und die Erfolge der Strategien aufzuzeigen sind.

Geeignete Daten oder Datenbanken zu finden ist nicht trivial. Historische Kurse sind anscheinend kaum archiviert. Oftmals sind die erhältlichen Kurse bei gewerblichen Datenbanken nur käuflich zu erwerben. Auch von in- und ausländischen Banken sind die Daten nicht oder nur zu hohen Kosten zu erlangen.

---

[1]Siehe Hohmann (1996, S. 254–271). Zum Erwartungswert der Verteilung des Ergebnisses der CPPI-Strategien siehe Uhlmann (2008, S. 103–114). Zu historischen Simulationen (siehe ebda., S. 133–154. 155–185). Zur Veränderung der Verteilung der erwarteten Rendite siehe Mantel (2014, S. 8–11, 22), zu empirischen Untersuchungen (ebda., S. 43–65).

© Springer Fachmedien Wiesbaden GmbH, ein Teil von Springer Nature 2018   25
R. Hohmann, *Portfolio Insurance reloaded,* essentials,
https://doi.org/10.1007/978-3-658-22125-6_3

3.1   Datenherkunft und verwendete Instrumente

Das Anliegen des Verfassers der vorliegenden Arbeit ist, dass jeder Interessierte die gezeigten Strategien überprüfen und auch die zugrunde liegenden Daten verwenden kann. Die wenigen frei zugänglichen Datenbanken sind im Internet zu finden. Es sind die Daten bei den Portalen de.investing.com, google.de, de.global-rates.com. Es gibt weitere Datenquellen, beispielsweise bei der Deutschen Bundesbank oder der Deutschen Börse AG, die für die vorliegenden Untersuchungen aber nicht umfänglich genug waren.

Die im Folgenden verwendeten Daten stammen von der Website www.investing.com der Firma Fusion Media Limited. Die Firma ist eine Handelsplattform, welche die historischen Daten kostenlos in das Internet stellt. Verwendet werden in dieser Arbeit die Aktien der inländischen Aktienindizes, einzelne inländische Aktien, ausländische Währungen und unterschiedliche Commodities. Werden die Titel im Ausland gehandelt, dann sind die entsprechenden Notierungen in Euro umzurechnen.

In dieser Arbeit finden die Eröffnungskurse Verwendung. Die Markttiefe am Anfang des Handelstages sollte in der Regel ausreichend sein, nicht sofort ausführbare Orders können kurz danach realisiert werden. Zu den Schlusskursen ist dieser Umstand nicht immer gegeben

Der untersuchte Zeitraum umfasst 1825 Handelstage, vom 10. Oktober 2010 bis zum 26. Mai 2017. Der Zeitraum umfasst in der obigen Datenquelle den größten Zeitrahmen, bei dem im Mai 2017 Kurse für alle zu untersuchende Instrumente zu erhalten waren. Das gilt hier für die oben genannten Bestrebungen des Verfassers zur Nachvollziehbarkeit der Ergebnisse mit öffentlichen Daten. Der untersuchte Zeitraum beinhaltet so die Bankenkrise 2008 und die Brexitkrise 2016, die im historischen Vergleich herausragende Bedeutung haben. Die Auswahl der Aktien erfolgte nach dem Zufallsprinzip. Aus jeder Branche ist nur eine Aktie auszuwählen. Die Wahl ist nicht repräsentativ und soll keine bestimmten Titel hervorheben.

Die meisten Titel werden an deutschen Börsen gehandelt, wenn auch nicht im ersten Segment. Andere Titel finden sich in den Büchern ausgesuchter Marktteilnehmer, die als Intermediäre An- und Verkaufskurse für diese Titel stellen. Da diese Titel in den heimischen Märkten eine überragende Markttiefe finden, sollte auch an deutschen Märkten mit diesen Titeln ein ausreichender Handel möglich sein.

Entgegen zum oben gezeigten Beispiel findet keine Analyse zur Anwendbarkeit der Strategie mit Futures statt. Ihre Verwendung erscheint unmittelbar praktikabel zu sein, Probleme bei der Anwendung in der Realität sind nicht zu erwarten.

3.2 Ziel der Untersuchung und Vorgehensweise

Ziel der Untersuchung ist es zu zeigen, ob mit Strategien der Constant-Proporti-on-Portfolio-Insurance ein Portfolio oder einzelne börslich gehandelte Titel gesichert werden können. Die Strategien sind eine Zeitpunkt Hedge, Verluste aus der Strategie sollten am Ende des Absicherungszeitraums in T nicht auftreten. Auch ist zu erwarten, dass die Rendite der gesicherten Position größer ist als die des Floor und dass die Standardabweichung gleichzeitig geringer ausfällt.[2]

Die Vorgehensweise im Rahmen der Untersuchung entspricht jener in dem oben aufgezeigten Beispiel.[3] Zuerst sind zu jedem Untersuchungsdatum die Kurse der Basis, des zu sichernden Titels, und der risikofreie Zinssatz zu definieren. Der Basiskurse in T wird mithilfe des risikofreien Zinssatzes diskontiert um den theoretischen Ausgabekurs einer Null-Kupon-Anleihe in t zu ermitteln. Im Folgenden finden negative Zinssätze keine Berücksichtigung. Ist der Zinssatz kleiner Null wird er als Null definiert. Der Multiplikator hat im Folgenden stets den Faktor drei, $m = 3$. Variationen des Multiplikators sind später zu diskutieren. Der Floor steigt in Höhe des risikofreien Zinssatzes wie eine Null-Kupon-Anleihe. Über den jeweiligen Kurs der Basis und des Floor lässt sich das Cushion berechnen. Mit Hilfe des Multiplikators ist dann die Exposure zu ermitteln, woraus sich die Anteile in risikobehafteten Titeln und in risikofreien verzinslichen Titeln ergeben. Diese Vorgehensweise ist für jeden Handelstag des Untersuchungszeitraums anzuwenden, wodurch das Portfolio entsprechend der Strategie täglich anzupassen ist. Zu beachten sind hier die Transaktionskosten in Höhe von 0,1 % bei zinstragenden Titeln und 0,5 % bei risikobehafteten Titeln.[4] Im Folgenden ist zu zeigen, welche Ergebnisse für die unterschiedlichen Indizes oder einzelnen Titel zu erzielen waren.

---

[2]Ein t-Test und ein Chi^2-Test scheinen wegen der großen Gesamtheit der untersuchten Daten nicht anwendbar zu sein. Hierzu sollten dann die Zeitreihen in kleinere Einheiten, beispielsweise Monate, unterteilt werden. Ziel dieser Arbeit ist jedoch die Betrachtung des ganzen langen Zeitraums.

[3](Siehe S. 8–9, 10–14).

[4]Diese Transaktionskosten sind hier pauschal angegeben. Unterschiedliche Marktteilnehmer tragen unterschiedliche Kosten, abhängig von ihrer Marktmacht. Im Folgenden soll nur gezeigt werden, wie ein, nach Stimmen aus der Praxis, für die Mehrzahl der Marktteilnehmer zu unterstellender Kostensatz die Ergebnisse der Strategien beeinflusst.

3.3 Einzelne Ergebnisse

Die Strategien führen zu unterschiedlichen Ergebnissen. Diese sind im Folgenden über Abbildungen der einzelnen Verläufe und Verweise auf die jeweiligen Erfolge dargestellt.

3.3.1 Aktienindizes

Wie vorstehend beschrieben wurde der Schutz eines DAX Portfolio mithilfe der Constant-Proportio-Portfolio-Insurance simuliert. Zur vereinfachten Darstellung sie hier unterstellt, dass der Dax als ein Wertpapier zu handeln ist.[5]

Aus Abb. 3.1 ist zu erkennen, dass aus einer Investition in den DAX eine jährliche Rendite von 16,18 % für den gesamten Untersuchungszeitraum folgt. Wird der DAX mit der Constant-Proportion-Portfolio-Insurance gesichert, verringert sich

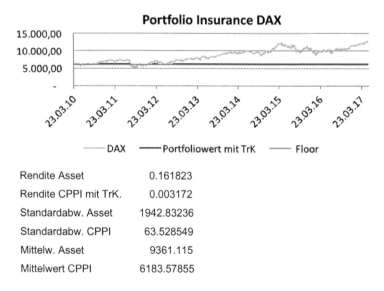

Rendite Asset	0.161823
Rendite CPPI mit TrK.	0.003172
Standardabw. Asset	1942.83236
Standardabw. CPPI	63.528549
Mittelw. Asset	9361.115
Mittelwert CPPI	6183.57855

3.1 Constant-Proportion-Portfolio-Insurance für DAX

---

[5]In der Realität werden ETFs (Exchange Traded Funds) gehandelt, die den Kursverlauf eines Index abbilden.

nach Transaktionskosten die jährliche Rendite auf 0,32 %. Die Standardabweichung des DAX für den gesamten Zeitraum ist 1942,83, jene des gesicherten DAX ist geringer mit 63,53. Der Mittelwert des DAX ist 9361,12, der des gesicherten DAX kleiner mit 6183,58.

Der DAX fällt während des Untersuchungszeitraums unter den Ausgangskurs in t, spätere Kurssteigerungen erbringen in T eine positive jährliche Rendite. Der gesicherte DAX fällt auch unter den Ausgangskurs in t, spätere Kurssteigerungen des gesicherten Portfolio sind danach nur noch gering, die Rendite in T ist dennoch positiv. Dieser Umstand macht deutlich, dass die Constant-Proportion-Portfolio-Insurance eine Zeitpunkt-Hedge ist, und keine Zeitraum-Hedge.

Vergleichbare Ergebnisse finden sich für die folgenden Simulationen für den MDAX, TecDAX und den SDAX. Verläufe und Ergebnisse sich den Abb. 3.2, 3.3 und 3.4 zu entnehmen.

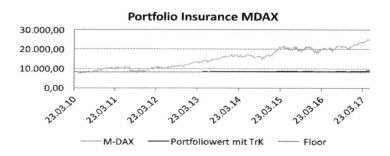

Rendite Asset	0.319054
Rendite CPPI mit TrK.	0.012611
Standardabw. Asset	8522.87
Standardabw. CPPI	336.873859
Mittelw. Asset	16685.46
Mittelwert CPPI	8499.46386

3.2 Constant-Proportion-Portfolio-Insurance MDAX

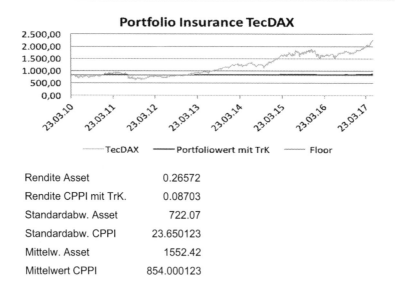

Rendite Asset	0.26572
Rendite CPPI mit TrK.	0.08703
Standardabw. Asset	722.07
Standardabw. CPPI	23.650123
Mittelw. Asset	1552.42
Mittelwert CPPI	854.000123

3.3 Constant-Proportion-Portfolio-Insurance TecDAX

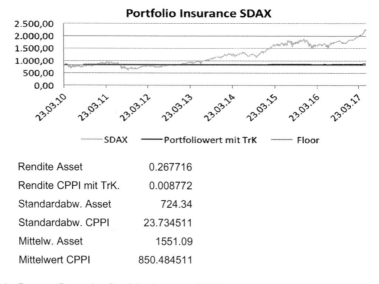

Rendite Asset	0.267716
Rendite CPPI mit TrK.	0.008772
Standardabw. Asset	724.34
Standardabw. CPPI	23.734511
Mittelw. Asset	1551.09
Mittelwert CPPI	850.484511

3.4 Constant-Proportion-Portfolio-Insurance SDAX

3.3.2 Aktien

Die Vorgehensweise für einzelne Aktien ist vergleichbar mit jener für Aktienindizes. Statt eines Index-Portfolios wird hier ein einzelner Titel mit der CPPI geschützt.

Die folgenden Abbildungen zeigen die Verläufe und Ergebnisse der Constant-Proportion-Portfolio-Insurance für die Aktien von Deutscher Bank, Daimler, Bayer, Münchener Rück und Siemens.

Mit Ausnahme der Titel der Deutschen Bank sind die Ergebnisse mit jenen der Aktienindizes vergleichbar. Der ungesicherte Basistitel verzeichnet eine positive jährliche Rendite in T. Die Rendite des mit der Portfolio Insurance gesicherten Titels ist nach Transaktionskosten deutlich kleiner und nur geringfügig positiv. Die Standardabweichung der Basistitel ist wieder deutlich höher als die des gesicherten Titels. Gleiches gilt für den Mittelwert der Kurse des ungesicherten und des geschützten Titels.

Die Titel der Deutschen Bank stellen in der getroffenen Auswahl eine Ausnahme dar. Der Basistitel erfährt ausgeprägte Kursverluste, die jährliche Rendite ist deutlich negativ. Der mit der Strategie gesicherte Titel zeigt in T hingegen nur eine jährliche Rendite nach Transaktionskosten von nahezu Null. Die Standardabweichung der ungesicherten Aktie ist wieder deutlich höher als der Wert des mit der Strategie geschützten Titels. Umgekehrt verhält es sich mit den Mittelwerten der Kurse.

Die Constant-Proportion-Portfolio-Insurance ist eine Zeitpunkt-Hedge. Kursverluste der Deutschen Bank in t bis T führen nicht zu Kursverlusten des gesicherten Titels in T, auch wenn die Rendite nach Transaktionskosten fast gleich Null ist.

Zur Darstellung der Ergebnisse für Aktien siehe die Abb. 3.5, 3.6, 3.7, 3.8 und 3.9.

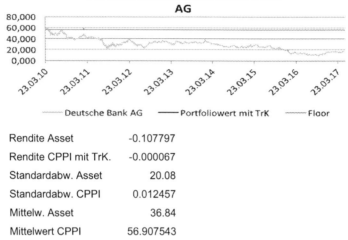

Rendite Asset	-0.107797
Rendite CPPI mit TrK.	-0.000067
Standardabw. Asset	20.08
Standardabw. CPPI	0.012457
Mittelw. Asset	36.84
Mittelwert CPPI	56.907543

3.5 Constant-Proportion-Portfolio-Insurance Deutsche Bank AG

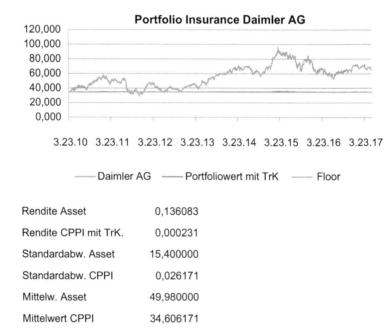

Rendite Asset	0,136083
Rendite CPPI mit TrK.	0,000231
Standardabw. Asset	15,400000
Standardabw. CPPI	0,026171
Mittelw. Asset	49,980000
Mittelwert CPPI	34,606171

3.6 Constant-Proportion-Portfolio-Insurance Daimler AG

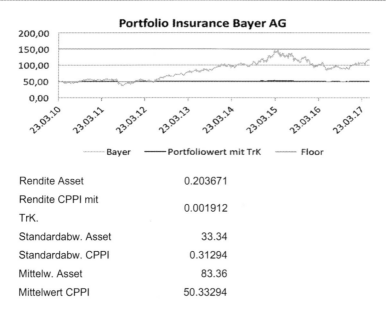

Rendite Asset	0.203671
Rendite CPPI mit TrK.	0.001912
Standardabw. Asset	33.34
Standardabw. CPPI	0.31294
Mittelw. Asset	83.36
Mittelwert CPPI	50.33294

3.7 Constant-Proportion-Portfolio-Insurance Bayer AG

Rendite Asset	0.072067
Rendite CPPI mit TrK.	0.000854
Standardabw. Asset	27.66
Standardabw. CPPI	0.327816
Mittelw. Asset	144.94
Mittelwert CPPI	117.607816

3.8 Constant-Proportion-Portfolio-Insurance Münchener Rück AG

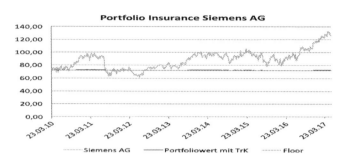

Rendite Asset	0.114991
Rendite CPPI mit TrK.	0.001346
Standardabw. Asset	27.065
Standardabw. CPPI	0.316738
Mittelw. Asset	98.985
Mittelwert CPPI	72.236738

3.9 Constant-Proportion-Portfolio-Insurance Siemens AG

3.3.3 Währungen

Die Strategie der Constant-Proportion-Portfolio-Insurance wird im Folgenden auf Währungen angewendet. Eine Position in einer Einheit in einer Währung außerhalb des Euro stellt eine handelbare Einheit an deutschen Finanzmärkten dar. Diese ist in Euro zu bewerten, der jeweilige Kurs am Devisenmarkt ist bei der Währungsumrechnung relevant.

Im Folgenden hat ein Marktteilnehmer statt einer Position im Index oder einzelnen Aktien eine Position in einer fremden Währung, die er mit der Constant-Proportion-Portfolio-Insurance schützt. Wie bei den vorherigen Vorgehensweisen verringert er die Exposure bei fallenden Kursen des Basiswerts, bei steigenden Kursen erweitert er die Exposure entsprechend der Strategie der Portfolio Insurance. Alles Weitere entspricht der Vorgehensweise in den voranstehenden Beispielen.

Die untersuchten Währungen sind der US Dollar, Japanischer Yen, Schweizer Franken, Britisches Pfund und die Internetwährung Bitcoin.

Die Kursverläufe und Ergebnisse der Strategie in T sind unterschiedlich. Bei dem Japanischen Yen und bei dem Britischen Pfund in geringerem Maße sind die jährlichen Renditen des Basiswerts in T positiv, jenes der gesicherten Position nur geringfügig positiv. Gleiches gilt für die Standardabweichung und die Mittelwerte.

Anders verhält es sich mit dem US Dollar und dem Schweizer Franken. Hier ist die jährliche Rendite des Basiswerts in T negativ, während die Rendite des gesicherten Werts in T nach Transaktionskosten leicht positiv ist. Standardabweichung und Mittelwert der Notierungen sind bei der ungesicherten Position höher als bei der nicht geschützten Position.

Bei der Sicherung einer Position in Bitcoin hat der Basiswert eine sehr hohe jährliche Rendite in T erzielt. Auch die gesicherte Position hat eine positive Entwicklung zu verzeichnen. Standardabweichung und Mittelwert sind wieder höher oder niedriger, wie in den vorangegangenen Beispielen.

Zur Darstellung der Ergebnisse für Währungen siehe die Abb. 3.10, 3.11, 3.12, 3.13 und 3.14.

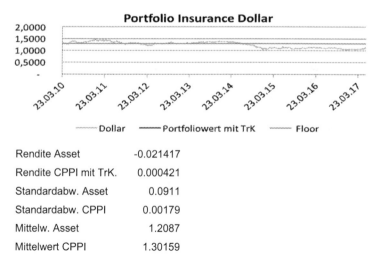

Rendite Asset	-0.021417
Rendite CPPI mit TrK.	0.000421
Standardabw. Asset	0.0911
Standardabw. CPPI	0.00179
Mittelw. Asset	1.2087
Mittelwert CPPI	1.30159

3.10 Constant-Proportion-Portfolio-Insurance Dollar

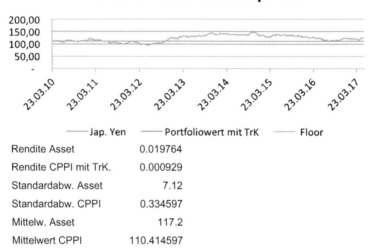

3.11 Constant-Proportion-Portfolio-Insurance Japanischer Yen

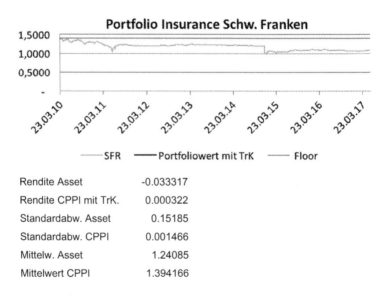

3.12 Constant-Proportion-Portfolio-Insurance Schweizer Franken

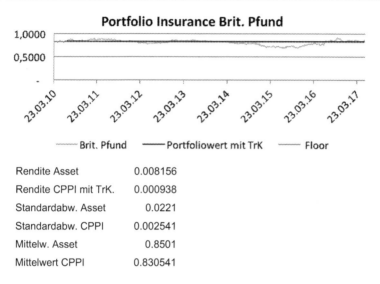

Rendite Asset	0.008156
Rendite CPPI mit TrK.	0.000938
Standardabw. Asset	0.0221
Standardabw. CPPI	0.002541
Mittelw. Asset	0.8501
Mittelwert CPPI	0.830541

3.13   Constant-Proportio-Portfolio-Insurance Britisches Pfund

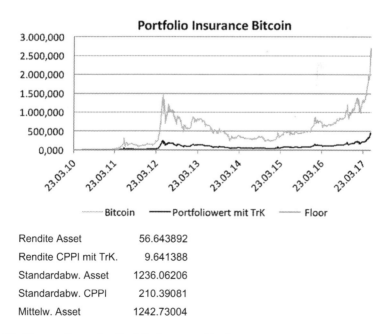

Rendite Asset	56.643892
Rendite CPPI mit TrK.	9.641388
Standardabw. Asset	1236.06206
Standardabw. CPPI	210.39081
Mittelw. Asset	1242.73004

3.14   Constant-Proportion-Portfolio-Insurance Bitcoin

3.3.4 Commodities

Die Strategien der Constant-Proportion-Portfolio-Insurance sind auch anwendbar für börslich gehandelte Commodities. Diese werden in der Regel an Warenterminbörsen gehandelt.

In Folgenden wird unterstellt, dass ein Marktteilnehmer eine Position in einem Warentitel einnehmen kann, auch an einer Terminbörse. Zur Vereinfachung werden Preisfeststellungen und Fehlbewertungen an Terminmärkten vernachlässigt. Zinseffekte bei der Bewertung von Futures sind nachrangig, zu untersuchen ist die Anwendbarkeit der CPPI. Die Vorgehensweise im Rahmen der Strategie ist dann entsprechend jener in den obigen Beispielen. Zunächst werden Strategien mit US Kaffee, Zucker und US Kakao untersucht. Danach folgen US Mais, US Reis und Weizen. Weiter folgen Untersuchungen zu Positionen in Mastrind, Orangensaft und Röhöl. Abschließen folgen Ausführungen zu Kupfer, Silber und Gold.

Als Ergebnis der Strategien mit Commodities zeigt sich, dass im Untersuchungszeitraum alle Basiswerte in T nur eine geringe positive annualisierte Rendite oder einen Verlust aufweisen. Der mit der Strategie gesicherte Wert verzeichnet nur sehr geringe Gewinne oder kleine Verluste im Promillebereich, nach Transaktionskosten. Wie bei den anderen oben untersuchten Strategien ist die Standardabweichung des ungeschützten Wertes höher als der des gesicherten Titels. Die Mittelwerte der Basiswerte sind höher oder geringer als die der gesicherten Positionen, abhängig davon ob und wie stark der Basiswert in t bis T den Anfangskurs in t unterschritten hat.

Zur Darstellung der Ergebnisse für Commodities siehe Abb. 3.15, 3.16, 3.17, 3.18, 3.19, 3.20, 3.21, 3.22, 3.23, 3.24, 3.25 und 3.26.

Die Ergebnisse sind in Tab. 3.1 nochmal zusammengefasst.

Die Ergebnisse lassen sich in einer Ergebnisübersicht in Abb. 3.27 darstellen.

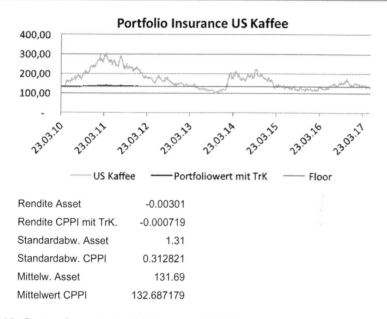

Rendite Asset	-0.00301
Rendite CPPI mit TrK.	-0.000719
Standardabw. Asset	1.31
Standardabw. CPPI	0.312821
Mittelw. Asset	131.69
Mittelwert CPPI	132.687179

3.15 Constant-Proportion-Portfolio-Insurance US Kaffee

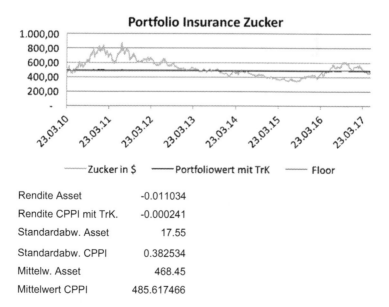

Rendite Asset	-0.011034
Rendite CPPI mit TrK.	-0.000241
Standardabw. Asset	17.55
Standardabw. CPPI	0.382534
Mittelw. Asset	468.45
Mittelwert CPPI	485.617466

3.16 Constant-Proportion-Portfolio-Insurance Zucker

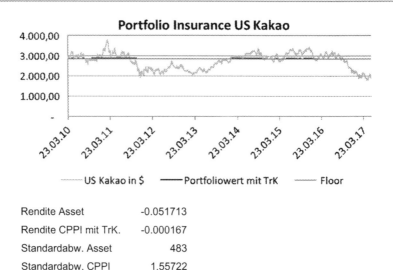

Rendite Asset	-0.051713
Rendite CPPI mit TrK.	-0.000167
Standardabw. Asset	483
Standardabw. CPPI	1.55722
Mittelw. Asset	2371
Mittelwert CPPI	2852.44278

3.17 Constant-Proportio-Portfolio-Insurance US Kakao

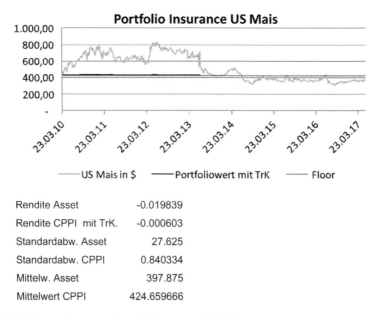

Rendite Asset	-0.019839
Rendite CPPI mit TrK.	-0.000603
Standardabw. Asset	27.625
Standardabw. CPPI	0.840334
Mittelw. Asset	397.875
Mittelwert CPPI	424.659666

3.18 Constant-Proportion-Portfolio-Insurance US Mais

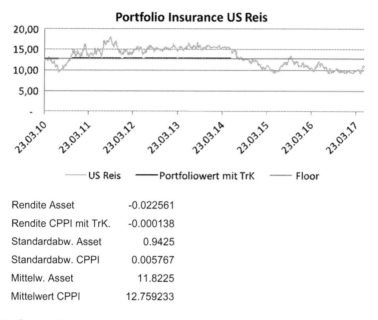

Rendite Asset	-0.022561
Rendite CPPI mit TrK.	-0.000138
Standardabw. Asset	0.9425
Standardabw. CPPI	0.005767
Mittelw. Asset	11.8225
Mittelwert CPPI	12.759233

3.19 Constant-Proportion-Portfolio-Insurance US Reis

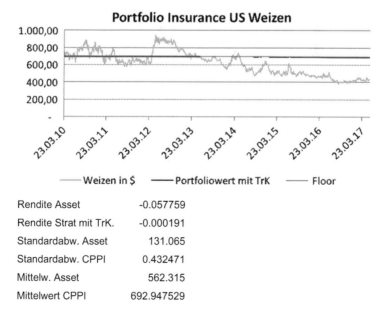

Rendite Asset	-0.057759
Rendite Strat mit TrK.	-0.000191
Standardabw. Asset	131.065
Standardabw. CPPI	0.432471
Mittelw. Asset	562.315
Mittelwert CPPI	692.947529

3.20 Constant-Proportion-Portfolio-Insurance US Weizen

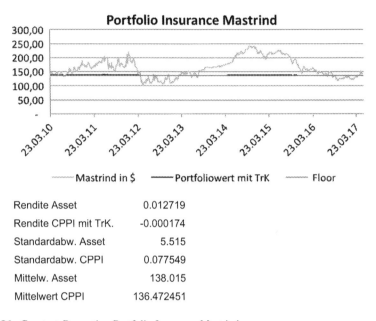

Rendite Asset	0.012719
Rendite CPPI mit TrK.	-0.000174
Standardabw. Asset	5.515
Standardabw. CPPI	0.077549
Mittelw. Asset	138.015
Mittelwert CPPI	136.472451

3.21 Constant-Proportion-Portfolio-Insurance Mastrind

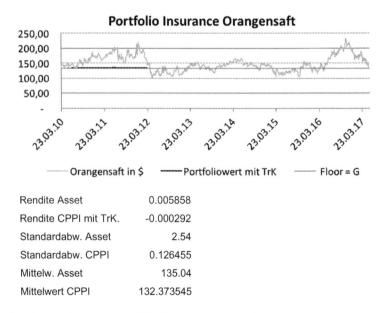

Rendite Asset	0.005858
Rendite CPPI mit TrK.	-0.000292
Standardabw. Asset	2.54
Standardabw. CPPI	0.126455
Mittelw. Asset	135.04
Mittelwert CPPI	132.373545

3.22 Constant-Proportion-Portfolio-Insurance Orangensaft

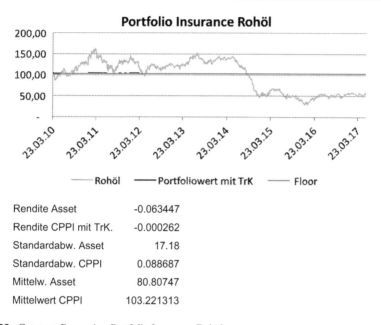

Rendite Asset	-0.063447
Rendite CPPI mit TrK.	-0.000262
Standardabw. Asset	17.18
Standardabw. CPPI	0.088687
Mittelw. Asset	80.80747
Mittelwert CPPI	103.221313

3.23   Constant-Proportion-Portfolio Insurance Rohöl

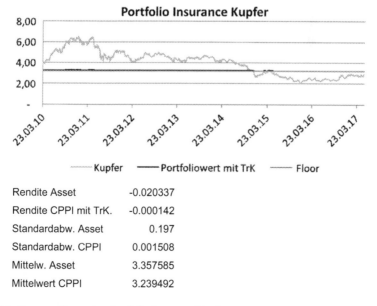

Rendite Asset	-0.020337
Rendite CPPI mit TrK.	-0.000142
Standardabw. Asset	0.197
Standardabw. CPPI	0.001508
Mittelw. Asset	3.357585
Mittelwert CPPI	3.239492

3.24   Constant-Proportion-Portfolio Insurance Kupfer

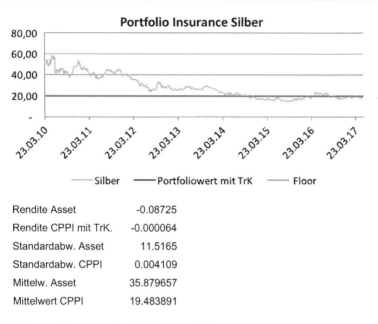

Rendite Asset	-0.08725
Rendite CPPI mit TrK.	-0.000064
Standardabw. Asset	11.5165
Standardabw. CPPI	0.004109
Mittelw. Asset	35.879657
Mittelwert CPPI	19.483891

3.25 Constant-Proportion-Portfolio Insurance Silber

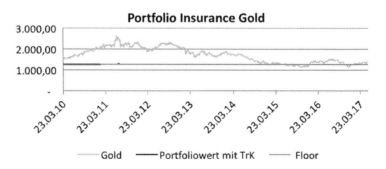

3.26 Constant-Proportion-Portfolio Insurance Gold

Tab. 3.1 Übersicht der empirischen Ergebnisse

Asset	Rendite Asset	Rendite CPPI mit Trk
DAX	0,1618	0,0031
MDAX	0,3191	0,0126
TecDAX	0,2657	0,0087
SDAX	0,2677	0,0088
Deutsche Bank	−0,1078	−0,0001
Daimler	0,1361	0,0002
Bayer	0,2037	0,0019
Münchener Rück	0,0721	0,0009
Siemens	0,1150	0,0014
Dollar	−0,0214	0,0004
Jap. Yen	0,0198	0,0009
Schw. Franken	−0,0333	0,0003
Brit. Pfund	0,0082	0,0009
Bitcoin	56,6439	9,6414
US Kaffee	−0,0030	−0,0007
Zucker	−0,0110	−0,0002
US Kakao	−0,0517	−0,0002
US Mais	−0,0198	−0,0006
US Reis	−0,0226	−0,0001
US Weizen	−0,0578	−0,0002
Mastrind	0,0127	−0,0002
Orangensaft	0,0059	−0,0003
Rohöl	−0,0634	−0,0003
Kupfer	−0,0203	−0,0001
Silber	−0,0873	−0,0001
Gold	0,0030	0,0003

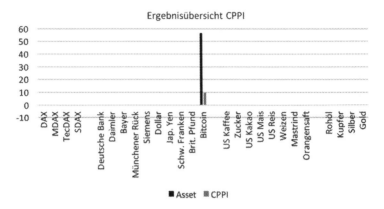

3.27 Ergebnisübersicht CPPI

3.4   Gesamtheit der Ergebnisse

Die Ergebnisse der untersuchten Strategien zeigen, dass die Constant-Proportio-Portfolio-Insurance eine Zeitpunkt-Hedge ist. Verluste, auch unter Berücksichtigung von Transaktionskosten, treten nicht auf oder sind zu vernachlässigen. Die Renditen der Strategien sind jedoch gering. Ursächlich hierfür scheinen mehrere Umstände zu sein.

In den Untersuchungen war der Multiplikator stets m = 3.

Nicht relevant scheint in dieser Arbeit die Höhe des Multiplikators zu sein. Bei der Simulation außerhalb des vorliegenden Textes wurden unterschiedliche Größen des Multiplikators von 1 bis 10 und unrealistische Größen bis 50 analysiert. Bei kleinen Multiplikatorgrößen veränderte sich das Ergebnis der gesicherten Position nur um zwei Prozent. Bei unrealistischen Größen folgte schnell die Irrepraktikabilität der jeweiligen Strategie. Dieser Umstand erstaunt, da in der Literatur dem Multiplikator eine herausragende Rolle zugewiesen wird.

Transaktionskosten beeinflussen die Ergebnisse der Strategien. In den obigen Beispielen zeigt sich jedoch, dass die Durchführung und die Ergebnisse die Strategien nur gering oder gar nicht beeinflusst werden. Dieser Befund erstaunt, da das Portfolio stetig an Veränderungen des Basiswertes angepasst wird und permanent Transaktionskosten entstehen.

Je höher die Transaktionsgeschwindigkeit ist, umso besser kann das Portfolio an veränderte Marktbedingungen angepasst werden.[6] Das ist jedoch immer mit erhöhten Kosten verbunden, die sich negativ auf das Ergebnis auswirken. [7]Gleiches gilt für eine höhere Transaktionshäufigkeit, welche die Transaktionskosten ebenso steigen lässt.

Einfluss auf die Ergebnisse der Strategien hat der Verlauf und die Höhe des risikofreien Zinssatzes. Er ist weite Teile des Untersuchungszeitraums Null oder negativ. Dieser Umstand war bei der Konzeption der Strategien in den siebziger und achtziger Jahren nicht vorhersehbar.[8] Er führt dazu, dass bei Kursverlusten des Basiswerts eine Anlage von finanziellen Mitteln in risikofeien verzinslichen Titeln erfolgt, die keine Rendite tragen. Da der Zeitraum negativer Zinsen in den Untersuchungen sehr ausgeprägt war, konnte das Cushion keinen Wertzuwachs verzeichnen. Diese Zeiten ohne Verzinsung führten dazu, dass das Ergebnis der Strategien in T die anfänglichen Erwartungen nicht erfüllte. Die theoretischen Überlegungen, beispielsweise dargestellt über die Gesamtergebnisfunktion, verlieren bei keiner oder negativer Verzinsung an Relevanz.

Unterschiedliche Konditionen und Marktzutrittsbeschränkungen sind auch zu berücksichtigen, wodurch der Nutzen der Portfolio Insurance in der Praxis erschwert wird. Diese werden in den obigen Untersuchungen jedoch nicht gewürdigt.

---

[6]Beispielsweise bei Algo-Tradern. Siehe hierzu Andresen (03.03.2009).

[7]Siehe Narat (25.11.2014).

[8]Ausnahmen gab es in der Vergangenheit nur wenige. Siehe hierzu o. V., Japans Tagesgeld erstmals unter null Prozent (25.01.2003). O. V., Investoren schenken Deutschland Geld (09.01.2012). O. V., Deutschland bekommt Geld fast umsonst (22.05.2012). O. V., Interbankenzins Euribor rutscht unter null Prozent (22.04.2015).

Zusammenfassung und Ausblick

4

In der empirischen Untersuchung war der negative Zinssatz eine Größe, welche die Durchführbarkeit der Strategie maßgeblich beeinflusst hat. Dieser Umstand ist wahrscheinlich nicht von unendlich fortwährender Dauer, dennoch sollten Marktteilnehmer nach alternativen Portfolio Insurance Strategien suchen.

Eine vorteilhaftere Strategie wäre ein dynamischer Stop-Loss-Ansatz, bei dem das Portfolio entweder aus Titeln des Basiswerts oder aus verzinslichen Werten besteht. Hier treten dann annahmegemäß keine Verluste auf, Gewinne des Basiswerts in T werden vollständig nachvollzogen. Negative Zinssätze sind die Ausnahme, bei normalen Umweltzuständen sollten die Strategien wieder zu den angestrebten Ergebnissen führen.

Eine weitere Möglichkeit ist die Verwendung der Portfolio Insurance in einem Portfolio verschiedener Absicherungsstrategien. Portfolios unterschiedlicher Hedges mit Optionen, Futures oder anderer Sicherungsinstrumente und Strategien der Portfolio Insurance könnten geeignet sein um Kapitalanlagen zu sichern. Dieses Thema ist ein Gegenstand zukünftiger Forschung.

Die Portfolio Insurance und ausgewählte Strategien haben ihren Einzug in die Praxis gefunden.[1] Einige gleichen schon seit jeher angewandten Vorgehensweisen, andere folgen komplexeren und anspruchsvolleren Modellen. Da es diese Strategien zum Teil schon seit mehreren Jahren oder Jahrzehnten gibt, sollten

---

[1]Zu Constant Proportion Debt Obligations siehe Cünnen (22.11.2006). Maisch (15.01.2007). Cünnen (12.03.2008). Mantel (2014, S. 36).

© Springer Fachmedien Wiesbaden GmbH, ein Teil von Springer Nature 2018   49
R. Hohmann, *Portfolio Insurance reloaded*, essentials,
https://doi.org/10.1007/978-3-658-22125-6_4

sie für die Marktteilnehmer überwiegend profitabel gewesen sein und auch in der Zukunft ihre Anwendung finden. Auch ist zu unterstellen, dass Strategien der Portfolio Insurance auch auf andern Märkten Einzug halten können, wie der Immobilienwirtschaft, Energiewirtschaft, Tourismuswirtschaft. Zukünftige Forschungen werden diese Frage beantworten.

Nachwort

Ende 2017 war der Kurs des Bitcoin auf 20.000 US$ gestiegen. Nach dem dann zu erwartenden Fall ins Bodenlose und des totalen Wertverlustes hätte die CPPI stark positiv funktioniert und den Marktteilnehmern ansehnliche Renditen beschert.

© Springer Fachmedien Wiesbaden GmbH, ein Teil von Springer Nature 2018   51
R. Hohmann, *Portfolio Insurance reloaded,* essentials,
https://doi.org/10.1007/978-3-658-22125-6

Was Sie aus diesem *essential* mitnehmen können

- Die Constant-Proportion-Portfolio-Insurance ist eine Zeitpunkt-Hedge, Verluste treten nicht auf oder sind zu vernachlässigen
- Der risikofreie Zinssatz kann maßgebliche Auswirkungen auf das Ergebnis der Strategie haben
- Transaktionskosten erscheinen nicht maßgeblich für die Ergebnisse der Strategien zu sein
- Negative Zinssätze verhindern die Teilhabe an Kurssteigerungen des gesicherten Portfolio
- Ein dynamischer Stop-Loss-Ansatz könnte als vorteilhaft erscheinen

© Springer Fachmedien Wiesbaden GmbH, ein Teil von Springer Nature 2018
R. Hohmann, *Portfolio Insurance reloaded,* essentials,
https://doi.org/10.1007/978-3-658-22125-6

Literatur

Andresen, Tino. 2009. Die Maschine ersetzt an der Börse den Menschen. *Handelsblatt,* 43, S. 33, 3. März.

Atzler, Elisabeth. 2015. Schlecht gezockt. *Handelsblatt,* 1, S. 1, 2.–4. Januar.

Benders, Rolf und Matthias Eberle. 2010. Aktiencrash verstört Anleger in den USA. *Handelsblatt,* 89, S. 40, 10. Mai.

Benders, Rolf und Michael Maisch. 2009. Temposünder unter Verdacht. *Handelsblatt,* 227, S. 42, 24. November.

Black, Fischer und Robert Jones. 1987. Simplifying portfolio insurance. *Journal of Portfolio Management* 13 (Fall): 49.

Black, Fischer, und Myron Scholes. 1973. The pricing of options and corporate liabilities. *Journal of Political Economy* 81 (3): 637–654.

Choudhry, Moorad. 2006. *An introduction to value-at-risk,* 4. Aufl. Chichester: Wiley.

Cox, John C. und Stephen A. Ross. 1976. The valuation of options for alternative stochastic processes. *Journal of Financial Economics* 3:145–166.

Cünnen, Andrea. 2006. Mit großem Hebel spekulieren. *Handelsblatt,* 236, S. 28, 22. November.

Cünnen, Andrea. 2008. Kreditmärkte geraten in Panik. *Handelsblatt,* 51, S. 21, 12. März.

Cünnen, Andrea. 2016. Auf Wiedersehen Zins. *Handelsblatt,* 133, S. 26, 13. Juli.

Cünnen, Andrea und Robert Landgraf. 2016. Kapitalismus verkehrt. *Handelsblatt,* 113, S. 1, 4, 5, 15. Juni.

Drescher, Ralf. 2007. Die Fangemeinde von CFDs wächst. *Handelsblatt,* 223, S. B16, 19. November.

Ebertz, Thomas, und Christian Schlenger. 1995. Absicherungsstrategie für institutionelle Portfolios. *Die Bank* 5:302–307.

Esswein, Klaus K. 1996. Aktien mit Sicherheitsnetz finden bei Anlegern großes Interesse. *Handelsblatt,* 236, S. B3, 5. Dezember.

Estep, Tony und Mark Kritzman. 1988. TIPP: Insurance without complexity. *Journal of Portfolio Management* 14 (Winter): 42.

Finke, Björn. 2015. Zocker aus der Doppelhaushälfte. *Süddeutsche Zeitung,* 93, S. 17, 23. April.

Hohmann, Ralf. 1991. Der Einfluß der Wertpapierleihe auf die Bewertung des DAX-Future. *KaRS Kapitalanlagen, Recht und Steuern, Heft* 1991 (8/9): 574–582.

© Springer Fachmedien Wiesbaden GmbH, ein Teil von Springer Nature 2018   55
R. Hohmann, *Portfolio Insurance reloaded,* essentials,
https://doi.org/10.1007/978-3-658-22125-6

Hohmann, Ralf. 1996. Portfolio Insurance in Deutschland. Wiesbaden: Deutscher Universitätsverlag.

Hohmann, Ralf. 2014. Wertpapierleihe und Repos, Göttingen: Optimus Verlag.

Hohmann, Ralf. 2015. Portfolio Insurance in der Praxis. *Die Bank* 5:13–15.

Hussla, Gertrud. 2006. Profis reiten auf der Welle. *Handelsblatt*, 178, S. 29, 14. September.

Jauernig, Henning. 2015. Emotionslose Aktienauswahl. *Handelsblatt*, 73, S. 44, 16. April.

Jendruschewitz, Boris. 1997. *Value at Risk, Ein Asatz zum Management von Marktrisiken in Banken*. Frankfurt a. M.: Bankakademie-Verlag.

Jorion, Philippe. 2002. *Value at Risk, The new benchmark for managing risk*, 2. Aufl. Singapur: McGraw-Hill.

Jurgeit, Ludwig. 1989. Bewertung von Optionen und bonitätsrisikobehafteten Finanztiteln. Wiesbaden: Deutscher Universitätsverlag.

Kempf, Alexander. 2015. Indexfonds sind Trittbrettfahrer. *Handelsblatt*, 69, S. 28, 10.–12. April.

Kühnle, Manfred. 2000. Banken haben die Vorteile von Kreditderivaten erkannt. *Handelsblatt*, 192, S. B8, 5. Oktober.

Lochmüller, Rolf. 2007. Absolute-Return-Strategien retten die Rendite. *Handelsblatt*, 213, S. C18, 5. November.

Luther, Thomas. 2002. Mit allen Wassern gewaschen. *Handelsblatt*, 162, S. B1, 23.–24. August.

Maisch, Michael. 2007. Europa überholt die USA. *Handelsblatt*, 10, S. 21, 15. Januar.

Mantel, Stefan. 2014. *Constant Proportion Portfolio Insurance*. Villingen-Schwenningen: GRIN Verlag GmbH. ISBN 3656828695.

Narat, Ingo. 2014. Der Kunde zahlt die Zeche. *Handelsblatt*, 227, S. 34, 25. November.

Narat, Ingo. 2015. Die Wachstumsmaschine. *Handelsblatt*, 69, S. 28, 10.–12. April.

O. V. 1999. Wie ein Optionsschein abgesichert wird. *Handelsblatt*, 230, S. 48, 28. Oktober.

O. V. 1999. Alternative Kapitalanlagen gewinnen an Bedeutung. *Handelsblatt*, 215, S. 43, 5.–6. November.

O. V. 2000. Anlageroboter lotsen durch die Finanzwelt. *Handelsblatt*, 160, S. 29, 14. August.

O. V. 2003. Japans Tagesgeld erstmals unter null Prozent. *Die Welt*, 25. Januar.

O. V. 2007. Doppelte Gewinnchance. *new investor*, 4, 4. Juli.

O. V. 2011. Hedge-Fonds spekulieren in großem Stil am US-Markt. *Handelsblatt*, 118, S. 39, 21. Juni.

O. V. 2012. Investoren schenken Deutschland Geld, *Spiegel*, www.spiegel.de, S. 1–2, 9. Januar.

O. V. 2012. Deutschland bekommt Geld fast umsonst. *Handelsblatt*, 98, S. 5, 22. Mai.

O. V. 2014. Diese Anlagetipps gibt Warren Buffett seinen Erben. *Die Welt*, www.welt.de, S. 1–2 19. April.

O. V. 2015. Hedgefonds liegen mit Franken-Wetten daneben. *Handelsblatt*, 14, 19. Januar.

O. V. 2015. Interbankenzins Euribor rutscht unter null Prozent. *Handelsblatt*, 77, S. 27, 22. April.

O. V. 2015. Brite wegen „Flash Crash" an Wall Street festgenommen. *Die Welt*, www.Welt.de, S. 1–3, 22. April.

O. V. Mini Futures – BNP Paribas, www.derivate.bnpparibas.de. o. Jg.

Perold, André. F. 1986. Constant proportion portfolio insurance, Harvard Business School working paper, S. 7.

Perold, André. F. und William F. Sharpe. 1988. Dynamic strategies for asset allocation. *Financial Analyst Journal* 44 (1): 22.

Quandt, Kathrin. 2002. Mit Stop-Loss-Marken das Aktiendepot absichern. *Handelsblatt,* 147, S. 34, 2.–3. August.

Rettberg, Udo. 2001. Alternativ-Anlagen schlagen die Aktie. *Handelsblatt,* 31, S. 54, 13. Februar.

Rettberg, Udo. 2008. Passive Strategien an der Börse. *Handelsblatt,* 31, S. B12, 13. Februar.

Rettberg, Udo. 2010. An der Börse geht es um Nanosekunden. *Handelsblatt,* 89, S. 40, 10. Mai.

Rezmer, Anke. 2008. Bewährungsprobe für 130/30-Fonds. *Handelsblatt,* 101, S. D2, 28. Mai.

Riecke, Thorsten. 2007. Die Wall Street atmet auf. *Handelsblatt,* 43, S. 22, 1. März.

Schmidt, Hartmut. 1979. Liquidität von Finanztiteln als integrierendes Konzept der Bankbetriebslehre. *Zeitschrift für Betriebswirtschaft* 49 (8): 711.

Schmidt, Hartmut. 1981. Wertpapierbörsen. In Bank- und Börsenwesen: Bd. 1. *Struktur und Leistungsangebot,* Hrsg. Michael Bitz, München: Vahlen.

Schmidt, Hartmut. 1988. Wertpapierbörsen. München: Vahlen.

Siedenbiedel, Christian. 2015. Der Mann, der Wall Street in die Knie zwang. *Frankfurter Allgemeine Sonntagszeitung,* 17, S. 33, 24. April.

Slodcyk, Katharina und A. Dörner. 2015. Der Crash aus der Vorstadt. *Handelsblatt,* 78, S. 30, 23. April.

Sprenger, Michaela. 2014. Der lange Weg zur Transparenz. 23. September.

Uhlmann, Roger. 2008. Portfolio Insurance – CPPI im Vergleich zu anderen Strategien. Bern: Haupt.

www.Xetra und Deutsche Börse/Handelszeiten.com.

Printed in the United States
By Bookmasters